岩 波 文 庫

33-149-3

構 想 力 の 論 理

第 二

三 木 清 著

岩 波 書 店

凡　例

一、本書は三木清『構想力の論理　第二』(岩波書店、一九四六年)を文庫化したものである。今回の文庫化にあたっては、『三木清全集8』所収のテクストに拠った。

一、本文中の旧字体は新字体に、旧仮名づかいは現代仮名づかいにあらためた。

一、底本において漢字で表記されている代名詞、副詞、接続詞などのうち、難読のものを一定の枠内で平仮名にあらためた。

一、読みにくい語や誤りやすい語に新たに振り仮名を付した。

一、本文に付した*、**…は、原注を示す。原注内の文献の邦訳名は〔　〕で補った。

一、本文に付した(1)(2)…の箇所に適宜注解を付し、巻末にまとめて掲載した。

一、本文中の〔　〕は藤田正勝による注解・補足である。

目次

『第一』目次

構想力の論理　第二

第四章　経　験

一

経験という語は二重の意味を含んでいる。それはまず或る客観的なものを意味している。経験といえば、実際に出会うもの、客観的に与えられたもののことである。錯覚や幻覚のごときも経験といわれるならば、たとい錯覚や幻覚であっても、それが経験されることとそのことは客観的な事実であるのでなければならぬ。しかし他方、経験という場合、それはつねに主体に関係附けられている。経験は経験するものの経験であり、経験する主体を除いて考えられない。従ってそれは或る主観的なものの意味を有している。かくして経験は主観的であって客観的なもの、客観的であって主観的なものである。経験が主観的・客観的なものであるということは本来何を意味するであろうか。主観的と客観的とはこの場合如何《いか》に結び附くのであろうか。

経験についての正統的学説即ちイギリスの経験論の哲学は、経験を心理的なもの、意識のものと見た。すべて経験は主体に関係して経験である限り、そのことはおのずから理由のあることであったであろう。しかしもし経験が単に意識のものであるならば、それは主観的なものになってしまう。しかるに経験論の元来の動機は実証的客観的であろうとするところになければならぬ。かくして経験論は感覚に基礎を求めるであろう。感覚は意識に属するが、直接に物に関係していると考えられる。「まず感官のうちになかった何物も悟性のうちにない」Nihil est in intellectu, quod non prius fuerit in sensu.(1)という命題が経験論の原理であるといわれている。しかしながら感覚もしくは観念の客観性は如何にして確かめ得るであろうか。ロックは観念は物の記号あるいは代表であると考えた。このいわゆる代表説 representationism は常識の素樸実在論を前提するものであって、何よりもこの前提が吟味を要するのである。もしも観念が心に直接に現れる唯一の対象であるとしたならば、如何にして我々は我々の観念とその原物とを比較することができ、これによって我々の観念と物の実際との一致を確かめることができるであろうか。およそかかる物の独立な世界を想定するために我々は如何なる根拠を有するのであろうか。むしろヒュームのいったごとく、「心は知覚以外の何物をも自己に現前するものとして有せず、そして決してそれと物との結び附きの何らかの経験に達し得ない。[*]」「我々は実に我々自身を超えて一歩も前進し得ず、その狭い範囲のうちに現れた知覚以外の何らかの種類の存在を考えることができぬ。[**]」経験が単に意識のものであるとしたならば、経験論にとってはバークリの「存在するとは知覚されることである」esse est percipi という命題がその帰結でなければならぬであろう。バークリは書いている、「家、山、河、要するにすべての感覚的な物が、悟性によって知覚されることから区別される自然的あるいは現実的存在を有するというのは、実際、人々の間に奇妙にも広く行われている意見である。……しかしそれを自分の胸のうちで問題にしてみる者は誰でも、私が間違っていないなら、それが明白な矛盾を含むことを認め得るであろう。なぜなら前述の物は我々が感官によって知覚する物以外の何物であるか、そして我々は我々自身の観念あるいは感覚のほか何物を知覚するのであるか。……実に物と感覚とは同一のものである。[***]」かようにして経験論は、その元来の動機においては実証的客観的であろうとした筈《はず》であるにも拘らず、その帰結においては主観主義と観念論に陥ったのである。

＊ Hume, An enquiry concerning human understanding, Chicago 1912, p. 162.〔デイヴィッド・ヒューム『人間知性研究』〕

＊＊ do., A treatise on human nature, edited by Selby-Bigge, p. 67.〔ヒューム『人間本性論』セルビー・ビッジ編〕

＊＊＊ Berkeley, A treatise concerning the principles of human knowledge〔ジョージ・バークリー『人知原理論』〕, sections 4-5. 注目すべきことに、最後の句 (In truth the object and the sensation are the same thing.) は第二版では撤回されている。

経験論は経験というものを主観化してしまった。経験論にとって経験は主観性の全く染み込んだ心的状態となる。ところで経験のかくのごとき主観化は、経験論の哲学が経験を主として知識の問題と見たということに関聯している。知識の立場においては、経験は単に意識の事柄であることが可能である。その場合には、経験の主体即ち知るものは心あるいは意識、いわゆる主観であり、経験は全く意識あるいは主観に現れるものと考え得るでもあろう。しかるにひとたび行為の立場に立つならば、経験の主体は単なる意識であることができず、経験は単に意識の現象であることができない。この場合、経験の主体即ち行為するものは自体を有するものでなければならず、経験は意識の現象に止まることなく、客観的世界における出来事でなければならぬ。もとより経験はつねに知識の意味を含んでいる。経験するとは一定の仕方で知ることである。従って行為の立場は知識の立場に抽象的に対立するものであることができぬ。むしろ知識の問題をも行為の立場において考えるところに経験の概念の本来の意味が存しなければならない。経験論の哲学は経験を単に心理学的なものと考えることによって実は知識の問題をも解決し得なかったのである。観念をただそれだけで十分なものと見ることは、それからあらゆる認識価値を奪い去ることである。かような見方が不可能であることは、バークリが物と感覚とを同一とした彼の命題をみずから撤回せざるを得なかったという事実が示している。ロックは素樸に観念を物の観念と看做し、観念はつねに物に関係附けられていると考えることによって、心の外に物的世界の実在性を認めた。しかしそれは経験論の立場においてはかえって不徹底といわねばならぬ。いずれにしても物を単に心の外にあるものと考えることは、経験の主体を単に知るもの即ちいわゆる認識主観と看做す立場にとってのみ可能である。知識の立場においては、主体は意識であり、物とは意識の外にあるものであると考えることも可能であろう。この点において、意識の外に存在を認めるか否かが唯物論と観念論とを区別する基準であると主張する唯物論も、実は、自己の排斥する観念論と同様なお知識の立場に止まって真に行為の立場に立つものではない。行為の立場においては、主体は身体を具えたものであり、物が主体の外にあるということは単に意識の外にあるということではなく、むしろ自己の身体の外にあるということでなければならぬ。かかるものとして初めて物は独立であるといい得る。主体はまた単なる意識でなく、独立な存在である。行為の主体であるものとこの主体に関係附けられるものとは共に一つの世界においてあり、この世界におけるそれぞれ独立な存在である。かくして経験とは独立な存在と存在との関係である。独立なものと独立なものとの関係にして真の関係であり、それらのものは一つの世界においてあることによって関係することができる*。経験は独立なものと独立なものとのいわば出会いである。経験論において経験が単に受動的なものと考えられたのは知識の立場に止まるためである。経験は動的な行為的な関係として出来事の意味を有し、この根源的な意味において歴史的である。知識も単に意識と物即ちいわゆる主観と客観との関係として考えらるべきではなく、存在と存在との或る特定の関係として考えられねばならぬ。経験的知識というものは意識的自己の受動的状態として考えられるのでなく、行為的自己と環境との行為的関係から考えられねばならぬ。感覚の重要性も行為的自己の立場において初めて十分に理解し得ることである。感覚は身体的行為的自己の尖端として経験の尖端である。経験と実験とは普通に何か異なるものと考えられているが、元来 experience（経験）という語と experiment（実験）という語とは同じ語原を有し、共に experiri (to try) 即ち試行するという意味の語から出ている。人間のすべての行為は本質的に技術的であって、経験はすでに或る実験である。経験は実験と同じく操作的に試みることであり、試みては誤り、誤っては試み、かようにして行為的に得られる知識が経験にほかならない。

＊ ブーベル（Martin Buber, Ich und Du, 1922.〔マルティン・ブーバー『私と汝』〕）は経験としての世界 die Welt als Erfahrung と関係の世界 die Welt der Beziehung とを区別し、前者は彼のいわゆる根本語 Grundwort の我―物 Ich-Es に属し、後者はこれに対する根本語の我―汝 Ich-Du によって成立すると述べている。しかし経験もすでに独立なものと独立なものとの関係である。「すべての現実的生は出会いである」Alles wirkliche Leben ist Begegnung. ということの面影はすでに経験といわれるものにおいて見られるであろう。経験科学も個物の独立性を認めることによって経験的であるのである。もっとも、真の出会い、真の関係の世界は道徳的ないし宗教的立場に至って実現される。

イギリスの経験論はアメリカのプラグマティズムにおいて批判的に発展させられた。デューイは経験論を批判して次のように述べている。まず第一に、正統的見解においては、経験は主として知識の事柄と看做されている。しかし旧《ふる》い眼鏡を通して見ない眼にとっては、経験は明らかに生命的存在とその自然的並びに社会的環境との交渉の事柄として現れる。第二に、伝統に従えば、経験は(少なくとも主として)全く「主観性」に感染された心的な物である。しかるに経験が自己自身について示すものは、人間の能動と受動のうちに入りそして彼らの反応によって変化を蒙る真実に客観的な世界である。[*] 我々が右に述べたところはかくのごときデューイの意見に一致する。経験は単なる意識の現象でなく、世界における出来事である。それは我々と環境との間における行為的交渉のうちに成立する。経験を一般にかくのごとく見た上で、それと構想力との関係は如何なるものであろうか。

* Cf. John Dewey, The need for a recovery of philosophy, in "Creative intelligence", 1917.〔ジョン・デューイ「哲学を回復する必要性」、『創造的知性』所収〕この論文においてデューイは経験論に対する彼の批判的見解を五つの点に要約しているが、我々はやがて他の三つの点にも触れるであろう。

二

経験は、環境と人間との関係として、これを簡単に定式化すれば、心理学者のいう刺戟《しげき》と反応との関係と考え得るであろう。それはまた客体と主体との関係である。およそ実在性は関係することのうちに、「間における活動」activity-between のうちにあるのである。行動という一つの過程において主体と客体とは同様に重要であって、実在性は両者の関係のうちに、この関係の無限の発展のうちにあるのである。刺戟と反応との関係は機械的でなく、動的発展的である。すべての行動は環境における行動であり、環境は行動にとって構成的要素である。行動は環境の刺戟に対する反応であるが、反応といっても決して単に受動的なものではない。すべての反応はもと循環反応 circular response ともいうべきものであり、己に出て己に還る運動である。ホルト(E. B. Holt)に依ると、筋肉の収縮はただ或る意味においてのみ刺戟によって惹き起こされるに過ぎぬ、まさにその筋肉活動そのものが一部分その筋肉活動を惹き起こす刺戟を作り出すのである。即ち筋肉が収縮するとき、その筋肉における感官が刺戟され、その結果そこにはほとんど同時的に筋肉から中枢に還り通ずる神経衝動があり、かくして循環反射が成立する。(2) ボック(S. T. Bok)に依ると、「反射弧は個体そのものの機能の結果として受け取られた刺戟の通路である。」視覚的刺戟に対して動物はこの視覚的刺戟を変化する運動をもって反応する。「反射・反応は反射・刺戟の知覚を変化しなければならない。*」反応は刺戟によって起こるのであるが、この反応によって同時に刺戟は変化され、かく変化した刺戟に対して反応するために反応も同時に変化する。個体の活動はただ或る意味においてのみ環境の刺戟によって惹き起こされるに過ぎぬ、なぜならその活動そのものが個体の活動を惹き起こす環境を作り出すことを助けるのであるから。かようにして客観的状況というものも実は単に客観的でなく同時に主観的である。それは環境と主体との相互作用によって作られてゆくのであり、かくのごとく発展してゆく状況として全体的状況というべきものである。行動もまた単に主観的なものでなく同時に客観的なものである。それは環境の函数にほかならない。行動は単に受動的な反応でなく同時に能動的な活動である。生命体は単なる環境に対して反応するのでなく、むしろ環境プラス生命体に対して反応するのである。すべての反応は循環反応である。実在性は単なる主観性にあるのでなく、また単なる客観性にあるのでもなく、主観的・客観的なところにある。経験の実在性もそこに考えられねばならぬ。

＊ M. P. Follett, Creative experience, 1924, pp. 58, 59.〔メアリー・パーカー・フォレット『創造的経験』〕に拠る。

右のごとく行為と環境とは不可分の関係にある。環境が行為を作り、行為が環境を作り、両者は一つに結び附いている。かようにして我々の行為は成全的行動 integrative behavior といわれる。(3) 成全とは二つの活動即ち主体の活動と環境の活動が関係することとの間における結合であり、この結合は機械的でなく創造的綜合であって、そのさい価値が創造されるのである。行動は単に主体的なものでなく、全体的行動としてかかる成全的行動である。成全作用 integration は創造的原理である。環境と行動とは相互に影響し合うが、この関係は単なる相互作用に止まるのでなく、かえって循環反応といわれるように行動は一つの全体的行動として、二つの活動を自己において一つの全体に綜合するのである。ボックのいうごとく、反射弧は個体の活動の結果として受け取られた刺戟の通路である。環境が人間に作用するのは、人間が環境に作用するからである。ここに地理的決定論もしくは風土史観の限界が見出されるであろう。行為は循環反応として自己創造的な斉合性を有している。そしてそれは全体的行動、成全的行動として形を具えたものになる。我々の行為はすべて形を有している。形は全体性を意味している。行為が形を有するということは、まず第一に、行為が主体と環境との間における活動であるところに生ずるのである。もし行為が単に主観的なものであるならば、行為の形というものは考えられない。形は主観的と客観的との統一である。しかし第二に、行為が形を有するということは、主体と環境との活動の間における結合が主体の側において、まさに行為そのものにおいて成全するところに生ずるのである。行為は循環反応の意味においてかかる性質のものである。行為の自律性ということもそこに考えられねばならぬ。行為の形はその自律性の表現であり、もし行為が自律的でないならば、行為は形を有することができぬ。行為の自律性を主観主義の哲学においてのごとく環境から離れて単に主体から考えることは抽象的であり、無意味である。行為の自律性は、行為が循環反応として有する自己創造的な斉合性にほかならない。かかる意味において自律的であることによって行為は形を有するのである。行為の形は行為が成全的行動として有する成全的統一であり、かかるものとしてつねに環境との関係を含み、従って行為の形は機能的全体を現している。ところで既に述べたごとく経験は行為的なものであり、経験はかくのごとく行為の形を作るものである。行為の形はまず何よりも経験的に作られてゆく。環境の変化するに従って、一歩一歩成全作用が行われ、そしていわゆる行動の型 behavior pattern が形成される。経験とはまず何よりも行動の型を作るものである。かようにして経験と形との関係が考えられるならば、我々はそこから経験と構想力との関係を考えてゆくことができるであろう。構想力の論理は形の論理である。そこで我々は経験と形との関係を更に立ち入って分析しなければならぬ。

主体と環境との関係は適応といわれ、すべて生命あるものは環境に適応することによって生きる。我々の行為は適応の行動である。この適応は、本能的あるいは反射的でない場合、いわゆる試行錯誤 trial and error の過程を通じて行われる。かような試行錯誤の過程が経験にほかならない。それ故に経験は本来動的なものであり、適応といっても決して単に静的な関係ではない。しかし他方それが単に動的なものであって静的なところがないならば、行為が形を有するということはなく、生物が形を具えるということも考えられないであろう。生物の形も適応の形として行動的に生じたものであり、従ってそれは単に実体的なものでなく機能的なものである。* 形は適応が均衡あるいはいわゆるcomplacency(調和)として静的なところを有することから生ずる。ロープはcomplacencyを人間行動の基礎と見、それは根本において物理現象における均衡の傾向と同一であると述べている。** 適応が均衡であるということは、我々の行為が単に能動的なものでなく、能動的にして同時に受動的であり、受動的にして同時に能動的であるということを現し、言い換えると、我々の行為が単に主体からでなく、主体からと同時に環境から考えられねばならぬということを意味している。行為の形は主観的・客観的なものである。そしてまた均衡といっても単に静的でなく、動的にして静的、静的にして動的であり、形は動即静、静即動を現している。適応という言葉によって機械的な関係を考える誤解を避けねばならぬ。いわゆる行動主義の心理学の考え方はなお機械的である。それは環境を単に客観的固定的に考え、行動をかかる環境に対する適応と見、私の反応が環境を変化するということ、あるいはむしろ環境プラス私の反応が環境を変化するということ、かくして適応は単なる環境に対する適応でなく、むしろ環境プラス生命体に対する適応であるという事実を看過している。「反射・圏に従えば、反射・反応は刺戟の知覚を現実化し且つ変化する機能である」、とボックはいう。(4) 刺戟の知覚は反応そのものによって変化するのであり、反応はかかる刺戟の知覚に対する反応である。行為の形は全体的環境に相応し、全体的行動の形である。かかるものとして形は意味を現している。意味とは全体と部分との内面的機能的な関係である。全体的環境として見れば行動はその構成的部分であり、全体的行動として見れば環境はその構成的部分である。適応は機械的な均衡ではない、ロープのいう complacency も行動の成全性として考えられねばならぬ。個体と環境とは相互に他を新たに作り、両者の関係も新たに作られ、行動の成全作用は創造的である。我々は経験によって環境に適応するといわれるが、この経験は創造的である、それはフォレットのいうごとく元来創造的経験である。主体の環境に対する適応は適応というよりも発明である。行為の形はかかる発明に属している。行為の論理は構想力の論理であると私がいうのは、構想力によって予め行為の形を思い浮かべ、これに従って行為するということを意味するのではなく、行為そのものが構想力の論理に従っているというのである。行為の形は行為そのものの中から作られてくる、経験がまさにそのことを示している。経験は検証的過程であるよりも創造であり、発明である。我々は予め存在する思想によって行動をテストするのではない。行動は自己のうちに自己自身のテストを含むのであって、かかる行動が経験にほかならない。ところで経験がかように創造的であるということは構想力の問題と具体的に如何なる関係を有するであろうか。

＊　拙著『哲学入門』一〇八頁以下〔全集第七巻一〇九頁以下〕参照。私は形の概念を古代的な実体概念と近代的な関係概念(函数概念)との綜合として考える。

＊＊　R. B. Raup, Complacency, 1925.〔ロバート・ブルース・ロープ『自己満足』〕

普通に経験は過去に属するものと考えられている。経験論の哲学もそのように理解した。これについてデューイは経験論に対する彼の批評の第三の点として次のごとく述べている。単なる現在を超える何物かが伝統的理説によって認められた限り、専ら過去が問題であったのである。既に行われたことの登録、先例の参照が経験の本質であると信ぜられた。経験論は「与えられ」たものあるいは「与えられ」ているものに縛り附けられていると考えられる。しかるに経験はその生命的な形式において実験的であり、与えられたものを変化する努力である。それは投射によって、未知のものの中への前進的到達によって性格附けられる。未来との結合がその顕著な特質である。確かに、経験を単に過去との結合と見ることは間違っている。しかしながらそれをまた単に未来との結合と考えることも一面的であることを免れないであろう。経験は過去との結合を含み、そのために経験といわれるのである。経験は我々の積んでゆくものであって、積まれたものが経験である。経験を積むというのは試行錯誤の過程を重ねることである。経験を積むことから習慣が生ずるであろう。経験はギヨームのいう試行錯誤による適応 l'adaptation par « essais et erreurs » であり、このものは習慣の一つの主要な形式である。* 習慣は均衡の形式であって、ロープに依ると complacency を現している。経験から形が出来るということは経験から習慣が生ずるということを意味している。行為は習慣的になることによって行為の形が作られる。経験が習慣的になることは記憶の形式に入ることである。しかるに記憶は構想力に属している。経験論はヒュームの哲学において見られるごとく習慣というものに重要な意味を認めた。(5) もっとも、その習慣論は観念聯合の機械的な説明に拠っている。習慣は知覚と行動との間に立てられる連繫あるいは聯合であり、それは反覆によって作られまた強められる、しかし連繫の項、知覚と行動とはそれ自身不変である、経験論における観念聯合説は心的事実のうちに不変の「要素」を見、この要素が機械的な仕方でただ次第に複合されると考えた。そしてその際一つの重要な事実が見逃された、即ち習慣において知覚と行為とは変化を受けるのである。我々の親しい環境においては物はこの環境に我々が初めて接した場合におけるとは全く違って知覚される。行動の実行に必要な知覚は練習の最初と最後とにおいて甚だ異なっている。即ちギヨームのいうごとく習慣において知覚の変化 les trans-formations de la perception が生ずるのである。(6)普通には、習慣によって物が「無意識的」になるといわれ、この漠然とした言葉によってその変化の正確な分析を怠っている。習慣によって単に物が無意識的になるのではなく、厳密にいうと知覚の変化が生ずるのである。行動は習慣によって変化すると誰もいっている。しかるに習慣における知覚の変化という重要な事実が注目されないのは、知覚の習慣と行動の習慣とを分離して考え、かくして状況を全体的状況として、行動を全体的行動として理解しないということに依るのである。ボックは、反射・反応は刺戟の知覚を現実化し且つ変化するといっているが、条件反射的習慣の場合においてさえ、習慣は知覚を変化する。経験は習慣の、従って記憶の形式に入ることによって全く過去のものとなって消え失せるのでなく、かえって過去は現在に働き、過去の記憶は現在の知覚のうちに生きている。ベルグソンのいうごとく、感覚は記憶と結び附いている。(7)言え換えると、構想力は知覚のうちに働いてこれに形を与える。いわゆる循環反応は記憶的であるといい得るであろう。知覚も構想力の形式に入っている。ギヨームは生命的存在とその環境との関係において、有機的適応と真の習慣とを区別し、有機的適応は物の直接の生物学的価値に対する反応であるに反して、真の習慣は物の関係から、個人の知覚の場におけるその秩序から結果する物の「意味」significationの価値に対する反応であると述べているが、かかる意味は記憶が知覚のうちに働くところに生ずるのであり、知覚と記憶との結合から生ずるのである。もとよりデューイのいうごとく、経験は単に過去との結合でなく、むしろ未来との結合である。経験は行為的なものであり、すべての行為は未来に向かっている。従って回想よりも予料が、過去の召喚よりも未来への投射が経験において一層重要である。経験は経験の予料を含んでいる。未来の構想的予測 imaginative forecast of the future を含むことによって経験は現在における指導に役立つとデューイはいっている。かように未来の構想的予測を含むのでなければ経験は創造的とはいわれないであろう。しかしデューイも認めているごとく、過去の構想的回復 imaginative recovery of the bygone は未来への成功的な侵入にとって欠くことができぬ。(8) 伝統を離れて創造はなく、創造なしには伝統も伝統として生き得ない。記憶 memory と想像 fancy とは古くから構想力に属するものと考えられてきたが、それらは構想力の作用として結び附き経験のうちに生きている。過去の構想的回復のうちに未来の構想的予料が働き、未来の構想的予料のうちに過去の構想的回復が働いている。構想力によって生素な経験主義を超えるところにかえって経験の本質があるのである。全体的行動というものは過去と未来への結合を含み、全体的状況というものもかかるものでなければならぬ。

* P. Guillaume, La formation des habitudes, 1936.〔ポール・ギヨーム『習慣の形成』〕ギヨームは習慣の主要な形式として条件反射と試行錯誤に依る適応とを挙げている。前者も広い意味では経験といい得るが、すぐれた意味において経験といわれるのは後者である。

構想力の本質は綜合し統一すること、かくして形を作ることにある。コールリッジが巧に表したごとく imagination は esemplastic power である、それは esemplastic (ἐσ̓ into, + ἕν one + πλαστικός molded, formed) 即ち一つに形作る、形の統一にもたらす力である。* 経験において行為の形が作られる。しかし経験はまた特に知識を意味している。経験といわれるものにおいて行為と知識とは結び附いている。この結合は後に至って論ずるごとく技術の概念を通じて理解することができる。経験は試行錯誤として実験的であり、技術的である。経験的知識というものは本来実験的な、技術的な知識である。知識においても形が考えられ、その最も根本的な形は範疇と呼ばれるものである。範疇は単に知識の形式もしくは思惟の形式でなく、また実在の形式でなければならぬ。経験というものも単に知識を意味するのみでなく、また実在を意味している。経験の形式は知識の形式であると共に実在の形式であると考えられている。かようにして経験の概念は形の概念と結び附いているとすれば、それは構想力と結び附いているのでなければならぬ。経験の形式は悟性の形式であると考えられている。実際、経験は単に反射的あるいは本能的なものでないとすれば、悟性に関係するものでなければならぬ。もしそうであるとすれば、悟性と構想力との関係は如何なるものであろうか。「しかし彼ら(ロックやヒューム及びその後継者たち)のすべての著作がそこから発する深い確信、即ち悟性は構想力と一つのものであるという確信は、真理そのものを現している。」とスペエルは書いている。** そこで我々はこの問題をまず経験論の哲学のうちに考察してみよう。

＊　Cf. S. T. Coleridge, Biographia literaria.〔サミュエル・テイラー・コールリッジ『文学的自叙伝』〕コールリッジュの imagination と fancy との区別は有名である。私はその用語法に拘わることなく memory(記憶)と fancy(想像)とを imagination(構想力)の二つの方向に

おける作用として規定した。

＊＊ Albert Spaier, La pensée concrète, 1927, p. 208.〔アルベール・スペエル『具体的思惟』〕

三

経験論者は思惟の具体的性格について深いそして確かな感情を有した。彼らは悟性は感覚なしには何物でもないということを知っていた。これは経験論の永続的な価値として認められねばならぬ。しかしヒュームを初め経験論者はアトミズム(原子論)に立っている。彼らは感覚や観念をアトムのごとく独立な要素と看做した。古典的な経験論の新たな発展としてプラグマティズムが超克しようとするのはこのアトミズムである。ジェームズに依ると、経験論が「根本的」であろうとする限り、経験の諸部分を結合する関係そのものも経験されると考えられなければならない。彼のいわゆる根本的経験論にとって、経験を結合する関係はそれ自身経験された関係であり、経験された如何なる種類の関係も体系における如何なるものとも同様「実在的」であるというのが基礎的な主張である。デューイは経験論に対する彼の批評の第四の点として、次のごとく述べている。経験論的伝統は排他主義 particularism (atomism というのと同じである)に陥っている。(9) 結合と連続とは経験に縁のないもの、その妥当性の疑わしい副生物と考えられている。しかるに環境に対する受動であると共にその新しい方向における支配への努力である現実の経験は結合を含蓄しているのである。確かに、経験はアトミスティックなものでなく、関係あるいは結合そのものも経験されると考えられねばならないであろう。ヒューム的アトミズムは排斥されねばならぬ。しかし他方、ジェームズが彼の根本的経験論は「ヒューム及び彼の後裔のそれと同様、本質的にモザイク的哲学、多元的事実の哲学である」というように、経験の有する或る多元性は認めなければならぬ。* ただ彼においてはかかる多を結合する関係そのものも経験の中に入っていると考えられるのである。ところで事実の間の関係を立てるのは何よりも推理である。従って推理もまた経験のうちに含まれると見られねばならないであろう。そこでデューイは経験論に対する彼の批評の第五の点として、次のように述べている。伝統的見解においては、推理は、それが過去に与えられたものの再生以外のことを意味する限り、経験を超えると考えられ、従って不確実なものと看做された。

しかし経験そのものは推理に満ちている。推理を含まないような如何なる意識的な経験も存在しない。かく彼のいうごとくであるならば、論理は経験の外のものでなく、経験の中にあるといわねばならぬであろう。**

* William James, Essays in radical empiricism, 1912, p. 42.〔ウィリアム・ジェームズ『根本的経験論』〕

** ディルタイのごときも、論理は経験を超えたものでなく経験そのもののうちに含まれると見る立場から「分析的論理」analytische Logik というものを企てようとした。Vgl. Wilhelm Dilthey, Erfahren und Denken (Gesammelte Schriften, V. Band).〔ディルタイ「経験と思惟」(『全集』第5巻)〕

経験論に従えば、経験に与えられるのは個々の特殊的なものである。「自然におけるあらゆる物は個別的であるということは哲学において一般に容認された原理である」(Treatise, p. 19.) とヒュームは記している。従って経験論に対して提起される重要な問題は、第一に、如何にして一般観念は存在するかということ、第二に、如何にして個々の感覚や観念は一つの関係に結合されるかということ、である。前者は抽象観念の問題であり、後者は実体とか因果とかいう範疇の問題である。これらの問題に関してここでヒュームの説を検討してみよう。

まず抽象観念の問題は如何に考えられたであろうか。バークリは、すべての一般観念は、一定の名辞に結び附けられた、特殊的な観念に過ぎず、この名辞がその観念に一層広い意味を与え、それに類似する他の個物を必要に応じて喚び起こさせるのである、と主張した。この説をヒュームは極めて貴重な発見と認め、彼自身の仕方で発展させた(10)。抽象観念は、分量や性質のすべての可能な特殊の度合を代表するか、それともその如何なる特殊の度合をも代表しないか、のいずれかでなければならぬと考えられている。ヒュームは後の見解を否定した。何らかの分量または性質をその度合の精密な概念を作らないで考えることは全く不可能である。或る線の精密な長さはその線そのものと異ならず、それから区別し得ない。また或る性質の精密な度合はその性質そのものと異ならず、それから区別し得ない。しかし前の説即ち抽象観念は分量や性質のすべての可能な特殊の度合を代表するということは、精神の能力が無限である場合にのみ可能であり、しかるに人間精神が無限であるということは背理である。そこでヒュームの意図は、この背理と考えられるところを変じ、精神の能力は無限でなくとも、我々は分量や性質のすべての可能な度合の概念を、たとい不完全にせよ、少なくとも反省や談話のあらゆる目的に適うような仕方で、即座に作り得るということを示すにあった。彼の説は次の五つの点に要約される。一。類似の知覚の反覆された経験は構想力のうちに習慣を作り、この習慣によって、類似の知覚の生起はそれらの過去の複合観念を喚び起こす傾向を有している。二。諸知覚が一定の点において類似するのを見出すとき、他の点における明白な差異にも拘らず、我々はそれらに同一の名称を適用する。三。一定の点において性質的に類似する知覚に対して同一の名称を反覆して使用する結果として、他の聯合、即ち今度はかように使用された抽象的な名辞と、かように命名された知覚のイメージがそこに聯合された構想力における習慣との間に、聯合が生ずる。四。この種の習慣が得られた後には、その名称を聞くことはこれらの対象のうちの一つの観念を甦らせ、構想力をしてそれをそのすべての特殊の事情や割合と一緒に考えさせる。かようにしてこの第二の聯合あるいは習慣の結果として、その名称を聞くだけで第一の習慣を使嗾《しそう》して現在の知覚の一定の性質のイメージを作らせるに足りることになる。五。ところで同じ語はかようにして喚び起こされた観念とは多くの点において異なる他の知覚にしばしば適用されてきたであろう。しかしその語はこれらすべての個物の観念を甦らせることができないので、いわば単に心に触れ、それらのものを通覧することによって我々が得たあの習慣を甦らせるのである。第一の習慣と、第一の習慣と名称との間の聯合の習慣との両者が全く完全でない場合には、恐らく精神は自己が考える意味と、一般名辞によって表そうと意図する集合の範囲とを自分に理解させるために、唯一個の個物の観念を作ることで満足しないで、数個のものに目を通すであろう。しかるにこれら二つの習慣が完全になるに従って、その名称を聞くことは第一の習慣において聯合されたイメージの一切を、その多数をさえも、想い起こす結果になるのではなく、かえってその唯一つが、他のものを供給する構想力の「即座の準備」readiness あるいは「潜在力」power と一緒に喚び起こされるか、もしくはただこの即座の準備と潜在力が喚び起こされることになる。かようにして例えば人間という抽象名辞を使用する場合、我々は彼らのすべてを構想力のうちに判明に描き出すのではなく、現在の目的あるいは必要によって促されるに応じて彼らの誰でも一人を思い浮かべる即座の準備に身をおくのである。或る語を聞くことは一つの個別的な観念のみでなく、同時にまた「一定の習慣」を喚び起こすのであって、この習慣はその時の必要に応じてどれでも他の個別的な観念を作り出すのである。要するに、抽象観念というものもそれ自身においては個別的であり、それがその代表において一般的になり得るのはただ習慣によるのである。

かくのごとくにして抽象観念の問題は構想力と密接な関係におかれた。それは構想力と、構想力における習慣によって解決された。ヒュームは書いている、「我々が何らかの一般名辞を使用する時いつでも我々は個物の観念を作るということ、我々は稀にしかあるいは決してこれらの個物を尽くし得ないということ、そして残るところのものはただ、何らかの現在の機会が必要とする時いつでも我々がよってもってそれらを喚び起こすところのあの習慣によって代表されるということ、は確かである。そこでこれが我々の抽象観念及び一般名辞の本性である。そしてこのような仕方で我々は前述の逆説即ち或る観念はその本性において特殊的であり、しかしその代表において一般的であるということを説明する。特殊的な観念は一般名辞に、言い換えると、習慣的な関聯から多くの他の特殊的な観念と関係を有し、そして構想力においてそれらを即座に喚び起こすところの名辞に結び附けられることによって一般的になるのである。」(Treatise, p. 22.)。そして彼は、「構想力がその観念を示唆する即座の準備よりも驚歎すべき物はない」、という。この「心における一種の魔術的能力」は、「最大の天才たちにおいてつねに最も完全であり、まさしく我々が天才と称するところのものであるが、人間悟性の及ぶ限りの努力によっても説明し得ないものである。」(Treatise, p. 24.)。悟性のジーニアスは印象にも観念にもあるのでなく、構想力のうちにあるのである。

ところでヒュームは習慣を観念の聯合として説明した。しかし、ラヴェッソンのいうごとく、観念の聯合が習慣を説明するのでなく、習慣原理が観念の聯合を説明するのである。* 習慣の法則は機械的でなく、有機的生命的である。ヒュームに依ると、抽象観念は一般名辞に結び附けられた特殊的な観念に過ぎず、それがその代表において一般的になるのは習慣によるのである。しかしながら、我々の言語も元来構想力の産物であり、かかるものとして我々の言語はつねに一般的なものと同時に特殊的なものを意味し、他方我々の概念構成の根柢にもつねに構想力が働き、かくして我々の概念は元来特殊的であると共に一般的、一般的であると共に特殊的である。特殊的な観念と一般的な名辞とがまず別々にあって、それらが習慣によって聯合されるというのでなく、概念と言語とはもともと結び附いているのである。すでに感覚も構想力の形式に入っている。ヒュームが要素的なものと考えた単純な印象は抽象物に過ぎないであろう。彼は感覚の印象は二重の意味において「原本的」であると考えた。第一に、それはつねにそれに対応する観念に先立って生ずる。まず印象があって、観念はこれを模写 copy することから生ずるのである。「我々のすべての観念は我々の印象から模写される」というのが彼の哲学の一つの根本命題である。第二に、印象は、自己を超えた何物に対する「指示」reference も含むことなく、それ自身において完結的である。従ってそれは表現的でない。感覚の印象から区別して反省の印象と称せられたもの、情緒、欲望、感情のごときは、我々の観念から派生されたものであって、従って第一の意味においては原本的でないにしても、「それ自身において完結的であり、他の情緒、意欲、活動に対する何らの指示も含まない」という意味において原本的な事実と看做された(11)。かくのごとき印象の自足性はヒュームの原子論の一つの特徴である。しかしながらベルグソンが感覚のうちにも記憶が含まれるといったごとく、単純な印象のごときものが存在するのでなく、感覚もすでに知覚的、従って表現的であるといわねばならぬ。経験論が立脚する感覚論は一個の抽象論である。しかしヒュームの抽象観念の説がイメージに重要な意味を認めていることは注目に値するであろう。彼に依ると、我々の観念はすべて我々の印象の模写であるが、かように印象を「反覆する」能力は記憶と想像とであり、これによって観念が生ずる。従って観念は印象のイメージである。そして我々の思惟や推理はかようなイメージを基礎とするのである。

既にアリストテレスは、「精神はイメージなしには決して思惟しない」*οὐδέποτε νοεῖ ἄνευ φαντάσματος ἡ ψυχή*といった。** 具体的思惟はつねにイメージと結び附いている。かかる具体的思惟がその哲学において生に近く立とうとしたヒュームの経験論の問題であった。***

* Voir Félix Ravaisson, De l'habitude. Nouvelle édition 1933, p. 58.〔ラヴェッソン『習慣論』新版〕

** Aristoteles, De anima, 431a. 17.〔アリストテレス『デ・アニマ』〕

*** メッツは生への接近、生への関聯が、ヒュームの思惟を貫く一つの特徴であることを強調している。Vgl. Rudolf Metz, David Hume, 1929, S. 95.〔ルドルフ・メッツ『デイヴィッド・ヒューム』〕

しかし感覚というものは単に知的な表象的なものではないであろう。すでに日常の用語において感覚的という語は、一方知的なものを現すと共に、他方何か情意的なものを現している。感覚は或る知的な客観的なものの意味と共に或る感情的な主観的なものの意味を含んでいる。デカルトは、我々の感官は物の本性をではなくて、物が如何なる点において我々に有用もしくは有害であるかを教えるのみである、と考えた。* 感覚は知識の門口の地位を占めるのでなく、むしろ行動に対する刺戟の地位を占めるのである。それは行動におけるひとつの手がかりであり、主体の環境に対する適応におけるひとつの指導的な要素である。感覚の問題は知識の項目に属するのではなく、むしろ直接的な刺戟と反応の項目に属している。** 感覚は身体的行為的自己の尖端であるということができるであろう。もとより感覚は決して単に主観的な感情的なものでなく、同時に知的な客観的なものである。かかるものとして感覚は「記号」の意味を有すると考えることができるであろう。感覚というものもすでに表現的である。しかるに感覚がこのように記号的あるいは表現的であるということは、感覚というものが単なる感覚ではなく、そのうちに構想力が働くからでなければならぬであろう。

* Descartes, Principia philosophiae, II. 3.〔ルネ・デカルト『哲学原理』〕

** Cf. John Dewey, Reconstruction in philosophy, 1920, p. 87.〔デューイ『哲学の再構成』〕

四

私は右にヒュームの抽象観念の説が構想力と密接な関係にあることを明らかにした。

この問題は、元来、経験論においては、すべて存在するものは個物であるというのであるが、その立場から如何にして普遍的な観念は存在すると考えられるか、ということであった。いま次の問題は、如何にして個々の感覚や観念は一つの関係に結合されるか、ということである。この問題についてヒュームにおいて特に重要なのは原因と結果の観念である。彼みずから信じたごとく、因果の観念の批判的分析は彼の哲学の決定的な、また最も独創的な仕事に属している。

因果の観念はヒュームのいう「哲学的関係」philosophical relation の一つである。彼は類似、同一、時間及び空間における位置、量あるいは数における比例、性質における度合、反対、原因と結果の七つを、「あらゆる哲学的関係の源泉」と見られ得る一般的な基本的な哲学的関係として挙げた。そのなかで原因と結果は、まず第一に、哲学的関係であると共に「自然的関係」natural relation であるという特質を有している。ヒュームは関係という語が普通に二つのすこぶる異なる意味に使われているのを見出した。即ち一方「それによって二つの観念が構想力において連結され、そして……その一が自然的に他を導き出すところの性質」を意味し、他方「それにおいては空想における二つの観念の肆意的な結合の場合にさえ、この二つの観念を比較するのが至当であると考えられ得るところの特殊な状態」を意味している。言い換えると、関係は、聯合の関係 relation of association であるか、比較の関係 relation of comparison であるか、である。そして日常の用語にいう関係はつねに前の意味であって、「それを我々が、結合の原理なしに、比較のどのような特殊な主題でも意味するように拡張するのは、ただ哲学においてのみである。」そこで哲学的関係と呼ばれるのは比較の関係であり、そして自然的関係と称せられるのは聯合の関係である。構想力において観念を結合あるいは聯合する性質はヒュームに依ると類似、時間あるいは場所における近接、原因と結果の三つであって、それらが自然的関係なのである。それらが自然的として性格附けられるのは、それらなしには悟性を構成する諸習慣が存在し得ないという意味において、それらが精神にとって自然的であることによるであろう。* 聯合の原理は普く行われ、「その結果は到る処において顕わである、けれどもその原因についていえば、それは多くは知られないのであって、私の敢て説明し得ると自任しない人間性の原本的な諸性質 original qualities of human nature に帰せられねばならぬ。」(Treatise, p. 13.)。観念聯合の力は派生的なものではなく、人間性の「原本的な」法則である。ヒュームはこれを自然界における引力に比し得る精神界における一種の引力と考えた。しかもかくのごとき根本的な聯合の原理は彼において本質的に構想力の法則であったのである。

* マルブランシュはその構想力の説において「自然的連結」liaisons naturelles について語り、「それらはすべての人間において一般に同様である。それらは生命の保存に絶対に必要である。」といっている。Cf. Malebranche, Recherche de la vérité.〔ニコラス・マルブランシュ『真理の探究』〕

因果の観念の特質は、第二に、次のようにして見出される。右に掲げた七つの種類の哲学的関係のうち、類似、量あるいは数における比例、性質における度合、反対の四つは、「我々が比較し合わせる観念に全く依存するもの」である。例えば、三角形の三つの角が二直角に等しいという関係を我々が発見するのは三角形の観念からであって、この関係は我々の観念が同一に止まる限り不変である。これに反して、二つの物の間の近接及び遠隔の関係は、その物自身あるいはその観念に何らの変化なしに、単にその場所の変更によって変化されることができる。同一及び因果についても同様である。二つの物は、たとい完全に相互に類似し、異なる時間に同じ場所に現れさえしても、数の上で異なることができる。また一つの物が他の物を作り出す力は、決して単にそれらの観念からは発見することができぬ。かようにして同一、時間及び場所の関係、原因と結果の三つは、「観念において何らの変化なしに変化され得るもの」という特質を具えている。

しかるに第三に、因果の観念の最も特殊な性質は次のように考えられる。ヒュームに依ると、単に観念に依存する四つの関係、即ち類似、反対、性質における度合、及び量あるいは数における比例は、「知識と確実性の対象」objects of knowledge and certainty であり得る。これらの関係は一目で発見することができ、論証よりも直観の領域に属するというのが適当である。何らかの物が互いに類似する場合、類似は直ちに眼を、あるいはむしろ心を打ち、更に吟味を要することはほとんどない。反対や性質の度合についても同じである。存在と非存在とが互いに破壊し合い、全く両立し得ぬ反対であることは誰も疑い得ない。また色、味、熱さ、寒さのごとき性質の度合について、その差異が極めて小さい場合、精確に判断することは不可能であるにしても、その差異が著しい場合には、いずれが他よりも上位か下位かを決定することは容易である。この決定は詮議とか推理とかなしに最初の一目で下されるのがつねである。量あるいは数の比例を定める際にも、同じ仕方でその間の上位または下位を一見して知ることができる、差異が極めて大きく、著しい場合には特にそうである。それでは他の種類の関係、詳しく言うと、観念に依存しないで、観念は同一に止まっているのにあるいは現前しあるいは現前しないような関係、即ち同一、時間及び空間における位置、因果の三つは如何《いかが》であろうか。ヒュームに依ると、あらゆる種類の推理は比較すること、そして二つもしくはそれ以上の物が互いに対して担うところの、あるいは恒常のあるいは恒常ならぬ関係を発見することにほかならない。この比較には、二つの物が共に感官に現前している場合そのいずれもが現前している場合、そのいずれもが現前していない場合、いずれか一つだけが現前している場合があるであろう。二つのものが共にその関係を伴って感官に現前している場合、我々はこれを推理というよりもむしろ知覚と呼ぶのである。かように考えると、同一、時間及び場所の関係についいて我々がなす如何なる観察も推理として受け取るべきではない。なぜならそのいずれにおいても精神は、物の現実の存在あるいは関係を発見するために、感官に直接現前するものを越えてゆくことがないからである。原因と結果は、それによって現前せる一つの印象が現前しない、しかし構想力において予料された観念と比較され得る唯一の関係である。「一つの物の存在あるいは活動から出て、それが他の存在あるいは活動によって後続されもしくは先行されたという保証を我々に与えるような連結を作り出すのは、ただ因果のみである。[12]」他の二つの関係（同一と時間及び空間の関係）は、それらが因果に影響するか因果に影響される限りにおいてのほか、推理の中で使用され得ない。今そして此処に現前する物の実体的同一は直接の知覚において比較され得る。しかし知覚を越えた物の連続的存在は物の存在の原因が変わらないでいるという想定に立ってのみ推理され得るのである。また時間や場所そのものは推理なしに比較を許すにしても、その関係における不変もしくは変化は因果の結果としてのみ存在すると推理され得るのである。かくて単なる観念に依存しない三つの関係のうち、「我々の感官を越えて辿られることができ、我々の見も触れもしない存在と対象について我々に教える唯一の関係は、因果である。」（Treatise, p. 74.）因果の関係は事実に関するすべての推理の原理である。

元来、ヒュームの研究は概念的知識と事実の知識との区別から出立した。この区別は既にホッブスにおいて、またロックにおいて見出されるのであるが、ヒュームはそれにホッブスよりも一層明確な規定を与え、またその適用にあたってロックよりも一層徹底的であった。我々の知識の対象は観念の関係 relations of ideas と事実 matters of factとの二種類に分かたれる。第一の種類の対象は、幾何や代数や算術、一般に直観的にか論証的にか確実なあらゆる命題が、これに属している。例えば五の三倍は三十の半分に等しいという命題は、これらの数の間の関係を現している。「この種の命題は、宇宙の何処《どこ》かに存在するものに依存しないで、単なる思想の操作によって発見することができる。たとい自然のうちに円とか三角形とかが存在しないとしても、ユークリッドによって論証された真理は永久にその確実性と明証とを保持するであろう。」(Enquiry, p. 23.) 第二の種類の対象即ち事実の知識はこれと同じ仕方で確かめることができない。その確実性はどれほど大きい場合にも、第一の種類の対象と同じ性質のものではない。あらゆる事実の反対はなお可能である。なぜならそれは決して矛盾を含まず、あたかもつねに実在に調和するかのように容易にそして判明に理解されるから。太陽が明朝昇らないであろうということは、昇るであろうということに劣らず理解し得ることであり、矛盾を含まぬことである。従ってその虚偽を論証しようと企てても無駄である。もしそれが論証的に虚偽であるならば、それは矛盾を含み、そして決して判明に理解されないであろう。存在するものは、純粋に概念的に考えると、存在しないこともできる。或る事実が存在しないということは矛盾を含まず、従ってまた或る事実の存在も決して単なる概念から証明されない。存在への推理は論証的に確実であることができぬ。しかしそのことは、従ってそれは不確実でなければならぬということを意味するのではなく、むしろただ、その確実性が観念の関係についての命題の確実性とは種類を異にするということを意味するのである。バートンによって伝えられた一つの手紙の中で、ヒュームは、シーザーが実際に生存したということ、あるいはシシリー島が存在するということは、この島を訪ねたことのない者にはまた、何ら本来の証明も直観的に認識すべき根拠を持たぬ主張であるが、そのことはしかし、それが真でなく確実でもないということにはならない、と述べている。* そこに異なる種類の確実性が考えられる。直観的論証的知識 intuitive and demonstrative knowledge の特徴は、その反対は理解し得ないということである。その真理性が現実の存在から独立なすべての命題はヒュームによると分析的である。これに反してすべての綜合的命題は経験的である。概念的知識と事実の知識とのかような区別と対立によって経験が問題になる。「従って、我々の感官の現在の証拠あるいは我々の記憶の記録を越えて、現実の存在と事実を我々に保証するところの明証の本性が何であるかを探究することは、知的関心に値する題目であるであろう。」まさにこの「越えて」

beyondということが経験を意味する。経験からの推理は我々の記憶や感官を越えて我々を連れてゆく。そこに経験の綜合性も考えられる。知識としての経験の吟味がヒュームの自己に課した課題であった。経験に解決を求めたということでなく、むしろ経験のうちに問題を見たということが彼の功績であり、哲学の歴史における彼の地位を示している。経験論、経験の哲学は、ヒュームにおいて批判的となった。因果の原理の研究も経験の認識価値についての一般的問題と直接に関聯しており、むしろこの価値についての問題がかの原理の意味についての問題に姿を変え、一層明確に限定されたのである。「事実に関するすべての推理は原因と結果の関係を基礎としているように思われる。その関係によってのみ我々は我々の記憶や感官の明証を越えて進み得るのである。」(Enquiry, p. 24.) かような因果の原理の根拠は如何なるものであろうか。

* Vgl. Alois Riehl, Der philosophische Kritizismus, Erster Band, Zweite Auflage 1908, S. 117.〔アロイス・リール『哲学的批判主義』第一巻、第二版〕

五

そこで我々は因果の観念が如何なる起原に由来するかを考察しなければならぬ。ヒュームに依ると、どのような観念も、その起原に溯って、それが出てきた元の印象を調べないと、完全に理解することが不可能である。すべての観念は印象の模写であるから。いま我々は原因と結果と呼ばれる何らかの二つの物に注目し、かの観念を作り出す印象を発見するために、あらゆる方面から調べて見る。その場合直ちに気附くことは、物のどのような特殊の性質のうちにもそれが発見されないということである。なぜならかような性質のどれを取ってみても、その性質を持たないで、原因あるいは結果と称せられる物を見出すことができるから。実に、外界にも内界にも、原因あるいは結果と考えられない存在は一つもないが、すべての存在に普遍的に属して、原因とか結果とか称せられる資格をそれらに与えるところの性質は一つとして存しないのである。

かようにして因果の観念は物の何らかの性質に基づくのでないとすれば、それは物の間の或る関係から導き出されなければならないであろう。そのとき第一に発見することは、原因と結果と考えられる物は近接しているということである。遠隔の物の作用し合う場合にも、よく調べてみると、それらが互いに近接している原因の連鎖によって繋がれていることが分かる。従って近接 contiguity の関係は因果の関係に本質的である。次に因果の関係に本質的と考えられる第二の関係は、原因が結果よりも時間的に先のものであるということである。言い換えると継起 succession の関係は因果の関係に本質的である。しかしながら近接と継起とだけでは因果の完全な観念は与えられない。或るものに近接しまた先行しながら、そのものの原因と考えられないものがある。原因という場合、他のものを作り出すということがなければならぬ、原因は生産的原理 productive principle である。かようにして原因と結果との間には必然的連結 necessary connexion が考えられる。そしてこの関係は因果の観念にとって右に述べた他の二つの関係のいずれよりも遥かに重要であり、決定的である。従っていま我々はこの必然的連結の本性を発見するために、再び物をあらゆる方面から調べて、その観念が由来する印象を見出すことに努める。この場合、物の知られた性質に注目するならば、原因と結果の関係がそのような性質に全く依存しないことを我々は直ちに発見する。また物の関係を考察するならば、近接と継起の関係のほか何も我々は見出し得ない。ところがそれでは既に述べたように不完全で不十分なのである。

かようにして当面した困難を打開するために、ヒュームは問題を二つに分かった。第一に、如何なる理由によって我々は、その存在が始まりをもつあらゆる物はまた原因をもたねばならぬということが必然であると主張するのであるか。第二に、何故に我々は、或る特殊の原因は必然的に或る特殊の結果をもたねばならぬと結論するのであるか、そしてその一から他を断ずる推理、及び我々がそれにおく信念の本性は如何なるものであるか。(13) これら二つの問題は区別されねばならぬ。* 第一の問題は因果関係一般に関わっている。あらゆる変化に対して原因を想定する必然性は、ア・プリオリに、変化の単なる概念から認識され得るか否かが問題である。第二の問題はそれぞれ特殊の因果関係に関わっている。この場合我々は一定の原因を経験において与えられたものとして前提し、この前提のもとに、結果への推理の本性を吟味するのである。与えられた原因からそれに後続する結果へ我々を導くのは経験であるか、それともこの結果は、経験を俟《ま》たないで単に原因そのものの考察からあらかじめ規定され得るか、が問題なのである。

＊ もっとも第一の問題は„Treatise"においてのみ特別に取り扱われた。Vgl. Riehl, Op. cit., S. 124.

第一の問題について考えると、存在し始めるあらゆるものは存在の原因をもたねばならぬという哲学上の一般的格率は、ヒュームに依ると、「知識」knowledge に属するよりも「信念」belief の内容である。このことを彼はまず知識の範囲に関する彼の見解に基づいて論証する。すべての確実性は観念の比較から、観念が同一であり続ける限り不変であるような関係の発見から出てくる。かような関係は類似、量と数における比例、性質の度合、及び反対であって、これら四つの関係はヒュームに依ると知識の基礎であるが、そのいずれも、始まりをもつあらゆるものはまた存在の原因をもつという命題のうちに含まれていない。従ってこの命題は直観的に確実でないのである。更に彼は次のような論証を進める。あらゆる新しい存在、あるいは存在の新しい変容に対する原因の必然性は、如何なる物も或る生産的原理なしには存在し始めることができぬということを同時に示すのでないと、論証され得ない。しかるにこの後の命題は論証的に証明することが全く不可能である。「すべての判別される観念は互いに分離することができ、そして原因と結果の観念は明らかに判別されるから、何かの物がこの瞬間には存在しないで次の瞬間には存在することを、それに原因即ち生産的原理という判別される観念を結び附けないで、考えるということは我々にとって容易であろう。それ故、原因の観念を存在の始めの観念から分離することは構想力にとって明らかに可能である。従ってこれらの物を実際に分離することは、それが何の矛盾も背理も含まない程度に可能である、そしてそれ故に単なる観念からの推理によって論破され得ないのである。」(Treatise, pp. 79, 80.) ここでヒュームは彼の論証を、「判別し得るものは分離し得る」What is distinguishable is separable.[14]という彼の哲学の根本命題に愬《うった》えている。あらゆる出来事は何らかの原因をもたねばならぬということは、原因と結果の観念が必然的に連結されているということを意味する。仮にそうである場合には、それらの観念を分離することは不可能であろう。しかるにそれらは判別し得る故に分離することができ、その必然的連結の否定は何ら矛盾を含まないのである。判別し得るものは分離し得るという命題は、ヒュームの心理学並びに論理学における原子論の公理を現している。如何なる物も相異なるものは判別することができ、そして如何なる物も判別し得るものは思想と構想力とによって分離することができ、その逆も等しく真である、即ち如何なる物も分離し得るものはまた判別することができ、そして如何なる物も判別し得るものはまた相異なっている(Treatise, p. 18.)。この説はかの観念は印象の模写であるという説に附け加わって彼の経験論の根本前提をなすのである。我々のすべての観念は我々の印象から模写される、そして完全に分離し得ない如何なる二つの印象も存在しない、構想力が観念の間に差異を認める場合いつでも、構想力は容易に分離をなし得る、と彼はいっている(Treatise, p. 10.)。

右のごとく因果の原理についてのヒュームの検討は、まず知識の範囲に関する彼の見解に基づいて、次に判別され得るものは分離され得るという彼の説に基づいて行われ、それは直観的にも論証的にも確実でないとされた。——その検討が彼の観念模写説に拠っていないことを我々は特に注意しておこう。——原因の必然性について提出されているあらゆる論証は虚偽の論証であり、詭弁的である。例えばロックは nihil ex nihilo から原因の必然性を論証しようとした(15)。あらゆる出来事は何らかの原因を有するということを否定するのは、出来事が自己を原因とするかないしは無を原因とすることを主張することである。因果の否定はかくて背理に帰するというこの論証に対しては、我々がすべての原因を排除する場合、我々は実際にそれを排除するのであって、無も対象そのものも存在の原因であるとは仮定しないのであり、従ってこれらの仮定の背理からかの排除の背理を証明する論証を引き出し得ない、ということを考えれば十分である、とヒュームは述べている。あらゆるものは何らかの原因をもたねばならぬということが真であるとするならば、他のすべての原因の排除から、出来事は自己自身を原因とするかないしは無を原因とするということが従ってくる。しかるに因果の法則の真理がまさに問題の点であるのであるから、この法則の反対は物が無によって生ずるということを意味すると主張するのは、先決問題要求の虚偽である。原因の必然性を原因と結果とは相関名辞であるという前提から論ずることは更に一層児戯に類する。あらゆる夫は妻をもたねばならぬということは、事実として何らかの人間が結婚していなければならぬということを意味しない。本来の意味において結果と呼ばれるあらゆる出来事は原因をもたねばならぬということは、何らかの出来事が本来の意味において結果と呼ばれることを証明することを助けさえしないのである。

今や因果の観念は直観的にも論証的にも確実でないとすれば、その観念及びこれを支持する確信は何処から来るのであろうか。その観念が「知識あるいは何らかの科学的推理」に由来するのでないとすれば、それは「観察と経験」から生ずるのでなければならぬ。[16] かようにヒュームが残された二者択一として経験に向かうのは、彼の観念模写説からの演繹の道に依ってでないことは、既に述べたところから明らかである。次の問題は、如何にして経験はかような原理を生ぜしめるかということである。ここにおいてヒュームはこの問題を、何故に我々は或る特定の原因が必然的に或る特定の結果をもたねばならぬと結論するか、何故に我々は一から他への推理をなすかという問題の中へ、言い換えると、因果関係一般の問題を、それぞれ特殊な因果関係の問題の中へ没入させることが便宜であると考える。後に分かるように、彼に依ると、同じ答がそれら二つの問題に解決を与えることになるのである。

ところで推理は何物かから始まらねばならず、また無限に進行することができないから、因果の推理は我々の記憶あるいは感官の直接の知覚に始まらねばならぬ。そして原因あるいは結果と呼ばれる知覚のみが現前している場合、その相関者は観念において推理されるのである。かようにして因果の推理は、感官あるいは記憶の現在の知覚と推理によって到達される観念とを含んでいる。従って次の三つの事柄が説明されねばならぬ。――第一、原本的印象。第二、連結された原因あるいは結果の観念への移行。第三、その観念の本性と性質。まず感覚の印象についていえば、その究極の原因は「人間理性によっては完全に説明され得ない」。また記憶の印象については、それは実際には力と生気 force and vivacity の点でのみ想像から判別されることができるのである。第二の問題、即ち印象から観念への推理については、ヒュームは再び、判別され得るものは分離され得るという彼の説に基づいて、次のごとく論じている。もし我々が対象をそのものとして考察し、それについて我々が形作る観念を越えて見ないならば、何らか他のものの存在を含むような対象は存しない。かかる推理は知識に等しく、何らか異なるものを考えることの絶対的矛盾と不可能を含むであろう。しかるにすべての判別される観念は分離され得るから、かかる種類の不可能があり得ないことは明瞭である。我々が現在の印象から何らかの物の観念に移行するとき、我々はその観念を印象から分離することができるであろうし、そしてその代わりに何らか他の観念を代置することができるであろう。即ちヒュームは彼の原子論に基づいて印象と観念との間の必然的連結を否定した。

かくて因果の推理は理性に依るものでないとすれば、それはその本性において経験的でなければならぬ。この経験の本性はこうである。「我々は或る種の物の存在する場合を屢々《しばしば》もったことを想い起こす。そしてまた他の種の物がつねにそれに随伴し、それに対する近接と継起の規則的な秩序において存在したことを想い起こす。例えば我々は焰と呼ばれる種類の物を見たこと、そして熱と呼ばれる種類の感覚を感じたことを想い起こす。同じように我々は過去のすべての場合におけるそれらの不断の結合を想起する。そのとき我々は造作なしに一方を原因、他方を結果と呼び、一方の存在から他方の存在を推理するのである(17)」。かようにして我々は原因と結果との間の一つの新しい関係を発見することになった。それはそれらの「不断の結合」constant conjunction である。近接と継起は、これら二つの関係が幾多の場合に維持されてきたことを我々が認めない限りは、我々をして二つの物を原因と結果であると宣言せしめるに不十分である。因果関係の本質的な部分をなすかの「必然的連結」necessary connexion の本性を発見するために、この「不断の結合」の関係を直接検討することが利益であろう。不断の結合というのは空間及び時間において結合された印象と観念との不断の反覆である。しかし「不断」も「反覆」も不断に反覆される印象や観念の属性ではない。従ってこの新たに見出された関係は知覚の何らかの判別され得る特性の発見を意味しない。「なぜなら、それは類似の物がつねに近接と継起の類似の関係におかれていたということを意味するに止っている。……我々は何らの新しい観念も発見し得ず、ただ我々の心の対象を重複し得るのみで拡大し得ない。……過去の印象の単なる反覆からは、たとい無限に反覆されようとも、必然的連結のそれのごとき新しい独自の観念は決して生じないであろう。」しかしながら何らかの物の不断の結合の発見の後に、我々はつねに一つの物から他の物への推理を行うのであるから、この推理、印象から観念への移行の本性を吟味することが大切である。そしてヒュームは彼の結論を予想しつつ、「恐らく最後には、必然的連結はこの推理に依存するのであって、この推理が必然的連結に依存するのではないということになるであろう。」と書いている。*

* Treatise, p. 88.

さて記憶あるいは感覚に現前している印象から、原因あるいは結果と呼ばれる物の観念への移行は、過去の経験とその不断の結合の想起に基づくと考えられるからして、次の問題は、経験がこの観念を作り出すのは悟性 understanding によってであるか、それとも構想力 imagination によってであるか、ということである。言い換えると、この移行にあたって我々は理性によって決定されるのであるか、それとも知覚の一定の聯合と関係によって決定されるのであるか。もし理性が我々を決定するとすれば、それはかの原理、「我々が経験したことのない場合は我々が経験したことのある場合に類似しなければならぬ、そして自然の過程につねに斉一的に同じである」(18)という原理を基礎として進むであろう。しかるにかかることの論証が不可能であるのは、その反対が考えられ得るということによって示される。――ヒュームがこの証明法を絶えず用いていることに注目すべきである。――即ち我々は少なくとも自然の過程のうちに変化を考えることができる、そのことはかような変化が絶対に不可能でないことを証明するに十分である。自然の斉一性 uniformity of nature は論証的に証明され得ない、その反対が考えられ得るから。この場合、確実性が欠けているからといって、蓋然性に頼ることもできぬ。蓋然性は、そのものとして考えられた観念の関係ではなくかえってただ物の関係を顕わにするのであり、或る点では我々の記憶と感覚に基づき、他の点では我々の観念に基づいている。蓋然的推理のうちに何らの印象の混入もないならば、その結論は全く幻影的であるであろう。また何らの観念の混入もないならば、関係を観察する心の作用は、本来の意味においては、感覚であって推理ではないであろう。それ故にあらゆる蓋然的推理においては見られあるいは想起された或る物が心に現前していて、そのものから我々はそれと結合していながら見られも想起されもしない或る物を推理するのでなければならぬ。しかるに我々の記憶と感覚の直接印象を越えて我々を導き得るような物の唯一の連結あるいは関係は原因と結果のそれであるから、蓋然性への推理もこの関係から独立であることができぬ。従って蓋然的推理は我々が経験したことのある物と我々が経験したことのない物との間の類似を前提するが、この前提がそれ自身蓋然性に依存し得ないことは明らかである。かようにして因果の推理が理性を基礎とし得ないとすれば、我々は構想力のうちにその原理を求めねばならぬということになるであろう。

六

因果の観念に関するヒュームの分析においてこれまでに示されたのは、原因と結果の観念は不断に結合された或る物の観念であるということである。「我々はこの結合の理由を洞見し得ない。我々はただ事柄自体を観察するのであり、そしてつねに不断の結合から物が構想力における聯結 union in the imagination を獲得するのを見出すのである。[19]」しかるにこれまでに明らかにされた因果の観念はひとつの「哲学的関係」に過ぎぬ。近接的且つ継起的なものとしてその不断の反覆に関して原因と結果は比較することができる。近接と継起との両者はかような配置と態様とにある単純な印象や観念から判別され得る秩序であるにしても、「不断」も「反覆」も不断に反覆された印象や観念の属性ではない。しかもヒュームに依ると、この哲学的関係の諸要素、即ち本質的に近接的な、継起的な、そして不断に結合された印象と観念が聯合されて原因と結果の「自然的関係」を形作るべき内容を構成するのである。「かように因果は、近接、継起及び不断の結合の意味を含むものとして、ひとつの哲学的関係であるとはいえ、我々がそれに立脚して推理し、あるいはそれから何らかの推論を引き出すことができるのは、ただそれが自然的関係である限りにおいてのみである。[20]」そして因果はまさにそれが聯合 association である限りにおいて哲学的関係以上のものである。

因果の推理における印象から観念への移行の本性についての問題に対する答は、かようにして、この移行が理性の作用でなく聯合あるいは構想力における習慣の作用であるということである。そこで我々は元に戻り、因果の観念にとって最も本質的な必然的連結の観念について尋ねてみる。我々の求めていたのはその起原であった。感覚的経験において本質的に近接的な、継起的な、そして不断に結合された印象が生ずる。ところで反覆された印象の観察は同一の観念を反覆するに過ぎない故に、我々は先へ進むことができぬように思われるであろう。しかしながら一層立ち入って調べてみると、反覆の結果はつねに同じでないことが見出される。「なぜなら度々の反覆の後に、私は、物の一つが現れると、心は習慣によってそのいつもの随伴者を考え、そして初めの物に対するその関係のためにより強い光においてそれを考えるように決定されるということを見出す。そこで、私に必然性の観念を与えるのはこの印象あるいは決定である。[21]」問題の観念の原物はかようにして感覚的経験においてでなく、能動的な習慣の内的な印象において発見されたのである。

ヒュームはまず二つの点、即ち、一、不断の結合に従って原因から結果への推理は何らか生ずるということ、二、印象や観念の単なる反覆は何ら新しいものを生ぜしめないということは確かであると考える。しかし、必然性の観念は実際にこの反覆に伴って普通に生じ、しかも反覆された印象の或る一個もしくは数個のうちに複写されていない故に、反覆のみからかの観念が生ずるのでなく、かえってかの観念の源泉である新しい或るものを発見するかあるいは生産しなければならぬということになる。反覆が新しい何物も開示し得ないことはその場合明らかである。更に、不断の結合のみではその上に推理が進行し得るような連結あるいは原理を生ぜしめないことも既に明らかである。かくて結合された知覚の不断の反覆が新しい或るものを発見することも生産することもできないのは明らかである。しかるにこの反覆に「聯合のやさしい力」the gentle force of association が加わるとき、事情は変わってくる。「類似の観察は心のうちに新しい印象を生産する」、と今やヒュームはいう。必然性の観念が類似の観察の結果であると主張する場合、彼は「類似」resemblance のもとにかの哲学的関係のみでなく、またかの聯合の自然的関係を理解するのである。ヒュームにとって類似は観念聯合の原理の一つであった。「必然性の、力の、また効果の観念が出てくるのはこの類似からである。これらの観念は、それ故に、不断に結合された物に属するあるいは属し得る或るものを現すのではない。*」ここで「類似」は不断に結合された本質的に類似の物に関わると同時に、かく名附けられた聯合の自然的関係に関わっている。これらが一緒に、その感じられた決定が力あるいは必然性の印象であるところの構想力における習慣を形作るのである。「必然性の観念は或る印象から生ずる。我々の感官によって伝えられた印象でその観念を生ぜしめ得るものは存しない。従ってそれは或る内的印象、もしくは反省の印象から出てこなければならぬ。習慣が作り出すところの一つの物からそのいつもの随伴者の観念へ移りゆく傾向性のほか今の問題に何らかの関係を有する内的印象は存しない。これがそれ故に必然性の本質である。**」かようにして必然性の観念は、何らかの感覚の印象からではなく、不断に反覆された結合物の観念がそれにおいて聯合されるに至る構想力における習慣の感じられた決定であるところの反省の印象から出てくるのである。

* Treatise, p. 164.
** Ibid., p. 165.

かようにしてヒュームは因果の必然性の問題を構想力における習慣によって解決しようとした。「経験からのあらゆる推理は、それ故に、理性の結果でなくて、習慣の結果である。」「従って習慣は人生の偉大な案内者である。それは我々の経験を我々にとって有利ならしめ、我々をして過去に現れたのと類似の出来事の連鎖を未来に向かって期待せしめる唯一の原理である。習慣の影響なくしては、我々は記憶や感覚に直接現前するものを越えたあらゆる事実について全然無知であるであろう。如何に手段を目的に適応せしむべきか、あるいは如何に我々の自然力を或る結果の生産に使用すべきかを我々は知り得ないであろう。あらゆる行動並びに思弁の主要な部分に直ちに行き詰まりを生ずるであろう。*」経験は理性的なものというよりも自然的なものである。経験の原理は因果である。原因と結果は哲学的関係であると同時に自然的関係であり、それが自然的関係であるのは構想力における習慣に基づくに依るのである。我々はここにパスカルの言葉を想い起こす。「父親は子供の自然の愛が消え失せはしないかと惧《おそ》れる。それでは消え失せ易いかかる自然とは何か。習慣は第二の自然であって、第一の自然を破壊する。だが自然とは何か。なぜ習慣は自然的でないのだ。習慣が第二の自然であるように、この自然がそれ自身第一の習慣でないのかを私は甚だ恐れるのである。」「我々の自然的原理というのは我々の習慣的になった原理のほかの何であるか。**」因果の必然的連結の観念はヒュームに依ると原因と結果の自然的関係の感じられた力から出てくるのである。

* Enquiry, pp. 44, 45.

** Pascal, Pensées, 93, 92.〔パスカル『パンセ』〕

ヒュームが分析した他の一つの重要な範疇、実体の範疇についても、彼は同じように問題を構想力によって解決した。実体の問題は印象の連続的な存在に関している。

しかるにそれは感性知覚によっても理性によっても証明され得ない故に、「その思想は全く構想力に起因しなければならぬ。」(22) あらゆる印象は内的な、消滅的な存在として在りまた現れるのであって、その独立な、連続的な存在の観念は、その性質の或るものと構想力の性質との協力から生ずるのでなければならない。けだし若干の印象のみが連続的な存在を有すると信ぜられるのである故に、その信念は若干の印象に固有な或る性質から生ずるのでなければならぬ。その性質の最初のものは、連続的な存在を有すると信ぜられるような印象の「恒常性」constancy である。現在私の眼の前に横たわる山や家や木は、つねに同一の秩序において私に現れた、そして私が眼を閉じるか頭を転ずるかによってそれらを見失う場合、私は直ぐ後にそれらが少しの変更もなく私に還るのを見出すのである。しかし知覚の秩序と内容における単なる反覆はその連続的な存在に対する我々の信念を説明することができぬ。なぜなら物はその知覚された性質の秩序においても性格においてもしばしば変化するからである。けれどもこの場合、かような変化においてさえ、それは「一貫性」coherence を保ち、相互に規則的な依存関係を有するということが認められる。これが一種の因果からの推理の基礎であって、その連続的な存在の思想を作り出すのである。物の連続的な存在に対する信念には記憶と感覚の心象の「一種の体系」、恒常性が必要である。知覚された物における変化あるいは差異はもとより記憶や感覚の体系の恒常性によっては明らかにされない。しかもかような変化は構想力において、一種の因果からの推理によって、反覆された記憶像や感覚印象に調和させられるのである。彼の室《へや》に坐して、戸の開かれる音を聞き、配達夫が手紙を持って入ってくるのを見て、ヒュームは彼の戸、彼の階段の連続的な存在を推理する。なぜなら、かの特殊な音、彼の室における人物の出現、そして手紙の運搬に関係して、かような因果の推理の習慣が彼のうちに形作られているからである。聞かれた音、現れる配達夫と手紙、並びにそれに伴う記憶は、それらのものそのものを越えた何物の保証もヒュームに与えない。しかもそれらの出現と記憶は、それらと聯合された習慣の作用を活動させる故に、ヒュームはそのような原因の連続的な存在がそれらの出現の反覆の条件であると推理する。感覚的並びに記憶的経験が構想力の習慣として存在する規則に従って拡大されるのはかくのごとくである。現在の印象がこれと主要な点では類似しているが部分的には相違している経験の記憶を喚び起こす場合も同様である。現在の経験における変化はそのとき過去における類似の変化と聯合された原因への推理によって説明される。ヒュームが一時間の不在の後彼の書斎に帰ったとき、彼は火が燃えてしまっているのを見出す。しかしそのとき彼は他の場合に類似の時間に類似の変化が、彼がそこに居ようと居まいと、生じたことを見慣れているのである。その変化におけるこの一貫性は外的な物並びにその恒常性の特質の一つである。恒常的でないあるいは一貫的でない変化は構想力における習慣と聯合されないであろう。進んでヒュームは次のように書いている、「事実に関するすべての推理は習慣からのみ生じ、そして習慣はただ反覆された知覚の結果であり得るから、知覚を越えて習慣と推理を拡張することは不断の反覆と連結の直接の自然的な結果であり得ず、或る他の原理の協力から生じなければならぬ。*」かような原理の一つは、構想力が記憶と感覚の体系を越えて、オールによって動かされたボートのように、新しい衝動なしにそのコースを進むという傾向性である。ここにヒュームは構想力の「移行的衝動」transitive impulse に注目している。** 現在の知覚における一貫性はそれがそれらの知覚の連続的な存在に対する信念を含むように拡張されるならば遥かに大きいが、この拡張は構想力のかような傾向性から生ずるのである。連結における習慣と協力する他の原理は知覚の恒常性と一貫性である。ヒュームの見解に依ると、因果の推理は移行的である、即ちそれは記憶や感覚を越えてゆくのである。因果の推理による拡張は習慣のみから生ずるのでなく、また構想力の移行的衝動の作用を必要とする。因果の推理の習慣は記憶と感覚の体系のうちに現在しない一つの要素を含み、聯合における心象の反覆に還元され得ない。この要素は構想力の移行的傾向性である。

* Treatise, p. 198.
** Cf. R. W. Church, Op. cit., pp. 136, 160.〔ラルフ・ウィッティントン・チャーチ『ヒュームの知性論』〕

七

翻って考えるに、因果に関するヒュームの説は、論証的知識と事実の知識との区別から出発した。この区別は一応ライプニッツの永遠の真理 vérité éternelle と事実の真理 vérité de fait との区別に比して考え得るであろう。(23) ライプニッツに依ると、永遠の真理は本質存在についての真理であり、その原理は矛盾の原理である。しかるに現実存在についてはその反対は矛盾を含まないから、その原理は矛盾の原理でなくて充足理由の原理であると考えられた。ヒュームにとっても、直観的論証的知識は現実の存在から独立な観念の関係にかかわり、その徴表は、反対は理解され得ないということである、従ってそれは矛盾の原理のもとに立っている。しかるに事実についてはその反対は可能である。その反対は矛盾を含まず、従って理解され得る。かような事実の知識の原理は因果の原理である。ライプニッツにおける充足理由の原理の思想とヒュームにおける因果の原理の思想との間にはその限り或る一致が認められるであろう。事実の知識の原理は、合理主義者ライプニッツにおいては充足理由の原理と考えられ、経験主義者ヒュームにおいては因果の原理と考えられた。広く充足理由の原理のうちに因果の原理を含めて考えることもできるであろう。* ライプニッツの考え方が存在論的であるに比してヒュームの考え方は認識論的であった。しかしライプニッツにおいて充足理由の原理が矛盾の原理と何ら根本的に対立するものでなかったのに反し、** ヒュームは因果の原理に関していわば構想力の論理を発見したといえるであろう。しかしヒュームにおいて直観的論証的知識の原理と事実の知識の原理とは分離されたままであった。大陸の合理論とイギリスの経験論とを綜合したといわれるカントは、構想力に悟性と感性との綜合の位置を与えたのである。

＊　この聯関においてSchopenhauer, Ueber die vierfache Wurzel des Satzes vom zureichenden Grunde〔ショーペンハウアー『充足根拠(理由)律の四つの根について』〕は興味深い。

＊＊　拙稿「弁証法の存在論的解明」〔全集第四巻収録〕参照。

ヒュームに依ると、因果は事実に関するあらゆる推理の原理である。直観的論証的知識が分析的であるに反して、すべての綜合的命題は経験的である。経験はその独特の意味において関係的である。哲学的諸関係は何ら連結connectionsではなく、しかし聯合の自然的諸関係は連結である、それはまた「統一あるいは結合の原理」principles of union or cohesionとも記されている。綜合は構想力における綜合である。構想力における綜合がヒュームに依ると「知識」knowledge即ち論証的分析的知識とは異なる「信念」belief即ち経験的綜合的知識の根拠である。この綜合はまず構想力の移行的衝動に基づいている。経験からの推理は我々の記憶や感覚を越えて我々を連れてゆく。あらゆる因果の推理は過去の経験を未来へ移し入れる習慣によって規制されている。＊かような構想力の移行的傾向性は、構想力の根源的な時間性として理解されねばならぬ。構想力における綜合は時間における綜合である。因果の推理は過去の経験によって規制されるが、過去の経験は一種の偶然に過ぎないと見られ得るであろう。＊＊単にそれ自身として考えれば、あらゆる過去の経験は同じ重さをもっている。因果あるいは結果の観念が単なる偶然と考えられないというのは、構想力における習慣の内部における聯合の力によってである。因果に対する信念はその聯合の習慣における印象と観念から成立している。物あるいは実体に対する信念も同様である。かくて全体として見ると、それは印象からでもなく観念からでもなく、また項のない聯合からでもなく、構想力における綜合から成立するのである。この綜合は一方構想力の移行的衝動において、他方習慣において示される。

＊ Treatise, p. 134.

＊＊ Ibid., p. 136.

かようにしてヒュームの経験論において構想力は中心的位置を占めている。これによって彼は合理論に反対すると共に感覚的現象論 sensory phenomenalism にも反対している。経験的知識あるいは信念の建築は、理性によってでもなく感覚によってでもなく、構想力によって支えられるのである。普通の見方に依ると、構想力というのは「我々のより微弱な観念を作る能力」the faculty, by which we form our fainter ideasである。* しかるにヒュームが「哲学のあらゆる体系の最後の審判者**」と考える構想力は、通俗の意見のそれでもなく古代の哲学のそれでもない。悟性に関する彼の研究の結論においてヒュームは次のように書いている。「記憶、感覚及び悟性は、それ故に、そのすべては、構想力あるいは我々の観念の生気 imagination, or the vivacity of our ideas を基礎としている。***」もっとも、構想力を哲学のあらゆる体系の最後の審判者と考えるためには、「私は構想力において、原因から結果への、また結果から原因への、習慣的移行のごとき、不変な、不可抗的な、一般的な原理と、そして……変わり易い、弱い、不規則な原理とを区別しなければならぬ。前者は我々のあらゆる思想と行動の基礎であり、かくてそれを取り去れば人間性は直ちに亡《ほろ》び、破滅しなければならぬ。(24)」「悟性」とはヒュームにとって「構想力の一般的な、より確立された諸性質にほかならない。」the understanding, that is, the general and more estab-lish'd properties of the imagination. そして自然的関係というのは構想力における統一と結合の原理である。ところで構想力の感じられた力が信念における決定的な要素であるとすれば、我々が、強く感ぜられるにしても非哲学的な蓋然性は斥け、より少なく強く感ぜられるにしても哲学的な蓋然性は容れねばならぬということは、何を意味するであろうか。この困難は一般的規則の影響を仮定することによってのほか、除かれない、とヒュームは述べている。問題の規則というのはそれによって我々が因果に関する我々の判断を規制すべき規則であるが、これらの規則は我々の悟性の本性の上に形作られているのである。ヒュームはかかるものとして八つの規則を掲げ、そして云っている、「ここに私が私の推理において使用するのを適当と考えるすべての論理がある、しかも恐らくこれとても非常に必要でなく、我々の悟性の自然的原理によって供給され得たであろう。」****ヒュームは因果の推理を支配する規則を我々の悟性の本性の分析のうちに見出すのである。「我々のスコラ的智者や論理家」の誇張を排して、彼は、本来の論理は悟性の本性——それが因果の推理の習慣から成る限り——から成ると考えた。

* Treatise, p. 117, footnote.
** Ibid., p. 225.
*** Ibid., p. 265.
**** Ibid., p. 175.

経験は構想力における綜合を根本原理とするが、このものは一方構想力の移行的傾向性を、他方構想力における習慣を意味している。しかも習慣もまた移行的であるということができる。なぜなら「習慣は同じことを未来に向かって期待するように私を決定する他の原理である」から。* 習慣は想起された経験と期待の習慣との協働として作用するのである。かようなものとして習慣は真に結合的あるいは綜合的である。構想力が移行的であるというのは、単に移行的であるということでなく、同時に、移行するものを一つの現在において把持するということでなければならぬ。これによって構想力は真に綜合的であることができる。しかるに構想力が移行的であると同時に移行するものを一つの現在において把持するということは、それが単に時間的でなく、時間的であると共に永遠を象《かたど》るということでなければならぬ。そこに構想力の先験性が考えられるであろう。コールリッジュは構想力に「第一次的構想力」the primary imagination と「第二次的構想力」the secondary imagination とを区別した。第一次的構想力は、あらゆる人間的知覚の生命的な、原動的な作用であり、無限なる「私は在る」I am における創造の永遠なる行為の有限なる精神における反覆と見られ、第二次的構想力は、自覚的な意志と共に存在するところの、前者の反響であり、しかもその作用の種類においては第一次的構想力と同一であって、ただその程度、その活動の様態においてのみ異なるものと見られる。** ここに我々は構想力に関するフィヒテの思想に類する説を認め得るが、コールリッジュの述べているのは構想力の先験性であり、またその創造性である。ヒュームの経験と観念模写説とはもちろんそこまで行くことを許さないであろう。しかしながら他方、如何に構想力の先験性と創造性とを強調するにしても、ヒュームの悟性論の基礎とされたような習慣の問題を全く除いて構想力の問題を考えることはできないであろう。ヒュームに依ると、経験からのあらゆる推理は習慣の結果である。自然の斉一 uniformity of nature の原理を保証するものは習慣である。自然的諸関係は聯合に基づくのであるが、聯合は習慣によってその意味を発揮し得るのである。習慣によって決定されない、偶然的、類似もしくは接近による聯合は、信念の力を有しない。現在の印象と生々した観念との聯合のあらゆる場合が「現実の存在」に対する信念であるのでなく、そのためには聯合が「単なる気紛れ」の事柄でなくて確立された習慣に依ることが必要である。*** 習慣が経験あるいは自然の基礎であるということは、自然科学的な自然や経験においては考え難いことであるにしても、経験を行為的経験と解し、自然を歴史的自然と解するとき、遥かに深い意味を有するであろう。もっともヒュームにおいてはその原子論と機械的な観念聯合説に従って習慣そのものも機械的に捉えられた。「過去の反復から何らの新しい推理もしくは結論なしに出てくるあらゆるものを我々は習慣と称する」[25]、とヒュームは定義している。しかし既に論じたように、習慣は単なる反復からは説明されない。習慣が観念聯合から説明されるのでなく、かえって観念聯合も習慣から説明され得るのである。習慣もまたコールリッジのいわゆる essemplastic power「造形力」としての構想力の作用の結果である。

＊　Treatise, p. 265.
＊＊　S. T. Coleridge, Biographia literaria.〔コールリッジ『文学的自叙伝』〕
＊＊＊　Treatise, p. 109.

ヒュームの悟性論の結論は、スペエルのいったごとく、悟性と構想力とは一つのものであるということであった。因果や実体のごとき範疇の基礎も構想力における習慣に求められた。しかるにその思想はヒュームにおいて懐疑論に終わらざるを得なかったのである。かかる懐疑論を超えるためには構想力の先験性と論理性とを深く捉えなければならぬ。そこで我々はヒュームによって独断の眠りから覚まされ、しかもその懐疑論を克服したといわれるカントに就いて構想力の問題を更に追求してゆこうと思う。

八

カントの問題もまた経験であった。純粋理性批判は経験の批判である。「カントは経験の概念を新たに加工した」、と既にヘルバルトがいっている。コーヘンに依ると、カントは「経験のひとつの新しい概念」を発見したのである。純粋理性批判は「経験の理論」であり、それは経験の論理であると同時に経験の形而上学であった。*

* 「経験の形而上学」Metaphysik der Erfahrung という語は „Kants Theorie der Erfahrung" の著者コーヘンその人によっても採用されている。Vgl. Hermann Cohen, Kommentar zu Kants Kritik der reinen Vernunft, Vierte, unveränderte Auflage 1925, S. 4.〔『カントの経験の理論』ヘルマン・コーヘン『カント『純粋理性批判』注解』原本から変更のない第四版〕

カントの経験の理論における構想力の問題を論ずるにあたって、我々はまず彼におけるこの概念の来歴に一瞥を与えなければならぬ。元来カントはこの概念をバウムガルテンの形而上学から取って来たのである。* バウムガルテンは上級認識能力 facultas cognoscitiva superior 即ち悟性 intellectus に対して下級認識能力 facultas cogroscitiva inferior を区別した。後者は感覚 sensus (Sinn)、構想力 phantasia (Einbildungskraft)、識別力 perspicacia (Unterscheidungsvermögen)、記憶 menioria (Gedächtnis)、想像力 facultas finger.di (Dichtungsvermögen)、先見力 praevisio (Vorhersehungsvermögen)、判断力 judicium (das Verrnögen, zu beurteilen)、予期力 praesagatio (das Vermögen, etwas zu erwarten)、及び構図力 facultas characteristica (das Vermögen der Zeichenkunde) に分かたれた。これがバウムガルテンの著作の五一九—六五〇節に論ずるところであるが、これが構想力についてのカントの見解の主要な文献的源泉である。種々の「能力」に関するバウムガルテンの分類は、ただ上級認識能力と下級認識能力との区別が体系的であるのみで、その他は単に諸機能を並列的に挙げているに過ぎない。そのうちカントの構想力の概念と特に関係があるのは、右の構想力、記憶、想像力である。**

* カントが利用した Baumgarten の „Metaphysica“(第四版一七五七年)の経験心理学 Psy-

chologia empirica の部分は、カントの説明と共に、アカデミー版カント著作集第十五巻に複刻されている。

＊＊ Vgl. Raymund Schmidt, Kants Lehre von der Einbildungskraft, 1924.〔ライムント・シュミット『カントの構想力論』〕

構想力とは、嘗《かつ》て感覚に現在した知覚を、対象が現在しない場合再び表象する能力である(Habeo facultatem imaginandi seu phantasiam. Cumque imaginationes meae sint perceptiones rerum, quae olim praesentes fuerunt, sunt sensorum, dum imaginor, absentium.)。バウムガルテンはあの有名な定式を転じて、「まず感官のうちになかった何物も構想力のうちにない」(Nihil est in phantasia, quod non ante fuerit in sensu)[26]といっている。構想力の像 imaginationes は観念聯合 associatio idearum の法則に従い、この法則はいわば全体性の法則(percepta idea partiali recurrit eius totalis)である。[*] 記憶はこの(再生的)構想力とは全く独立に取り扱われている。それは構想力によって再生された表象を嘗て意識のうちに現在したものとして再認する能力である。それが感覚表象の再認に関わる場合感覚的記憶 memoria sensitiva と呼ばれ、概念的内容の再認に関わる場合知的記憶 memoria intellectualis と呼ばれる。記憶のうちには共通なもの、普遍的なものを表象する力が働いている(Repraesentatis pluribus perceptionibus successivis, usque ad praesentem, partialem communem habentibus, partialis communis repraesentur, ut contenta in antecedente et sequente.)。想像力とは、バウムガルテンに依ると、再生された意識内容を分析して諸部分を新しい独立の構成体に再び組み合わせる特殊な能力である。この能力もまた或る全体性の法則に従っている(Phantasmatum partes percipiuntur, ut unum totum.)。詩的想像力facultas fingendi poetica はその一つの種類として取り扱われている。

＊　この定式は後にスタウトによって取り上げられた。Cf. G. F. Stout, Analytic psychology, Fourth edition 1918, Vol. 1, p. 270.〔ジョージ・フレデリック・スタウト『分析心理学』〕

バウムガルテンの説はカントによって屢々講義されたと思われるが、彼はまずそれに依拠して構想力の概念の闡明《せんめい》を企てた。ペリッツによって伝えられたカントの形而上学講義において、構想力あるいはそこでまた名附けられたところに依ると形成力die „bildende“ Kraft は次の三つの形式において現れる。＊――一、現在の表象に関係するところの現形成 Abbildung の能力として。二、過去から表象を取り出して現在のそれと(聯合によって)結合するところの追形成 Nachbildung の能力として。三、現在の表象の過去に対する関係に従って現在の表象から未来のそれを形成するところの先形成 Vorbildung の能力として。この分類において注目すべきは、それが現在、過去及び未来という時間の方向に依る純粋に形式的な原理に従って行われているということである。その現形成の能力においてはバウムガルテンの感覚 sensus、追形成の能力においてはバウムガルテンの記憶 memoria、そして先形成の能力においてはバウムガルテンの先見力 praevisio を認め得るにしても、カントにあってはバウムガルテンとは異なり構想力 Einbildungskraft がそれらの上位概念をなしている。この分類の図式が時間を原理としたところに、我々は純粋理性批判における先験的構想力の本来の領分が時間であるという説の萌芽を見出すことができる。形而上学講義においては、この分類と並んで、同じく構想力の三つの機能を示す他の分類が現れている。――一、Einbildung の能力、即ち対象の現実性から独立に、自分から像を作り出す能力。二、Gegenbildung の能力。対象 Gegenbild は他の物の像を作り出すのに役立つのであって、言葉は物の表象を描くためのかような対象である。三、Ausbildung の能力。それは全体の理念を作って対象を全体の理念と比較することに努める。いま初めの二つの能力において我々はバウムガルテンの facultas fingendi（生産的想像力）

とfacultas characteristica(構図力)をそれぞれ再認することができるが、それらはすべて構想力という一つのものに還元されている。第一の分類が時間的であるのに対して、この分類は空間的ニュアンスをもっている。„Ein“, „Gegen“, „Aus“という前綴は空間的性格のものである。ここに我々は空間をまた構想力の領分とする先験哲学の理論の前段階を見るのである。なお形而上学講義において、形成力即ち構想力はまた時にその作用の仕方の有意性 Willkürlichkeit と無意性の見地から考察されている。その際、構想力の無意的な作用は下級の認識能力としての感性に、そしてその有意的な作用は上級の認識能力に、従って悟性に属せしめられている。かくて構想力の領分が感性の限界を超えて悟性の領域にまで拡げられたことは、純粋理性批判における構想力の地位に関聯して注目すべきである。それのみでなく既に構想力は理性とも関係附けられているように思われる。即ち第二の分類における Ausbildung の能力としての構想力はバウムガルテンの phantasia に比較することができるが、それは右に記したごとく全体の理念に関わるものとして、理念の能力もしくは全体性の能力と考えられる理性に関係するということができるであろう。要するにバウムガルテンの図式は種々の方向に変化され、その際彼のカントの構想力の概念の特徴は既に決定的に現れ出ているのである。

＊ Pölitz, I. Kants Vorlesungen über die Metaphysik, 2. Aufl. nach der Ausgabe v. 1821 neu herausgegeben von K. H. Schmidt, 1924.〔カール・ペーリッツ『イマヌエル・カントの形而上学講義』一八二一年版にしたがってK・H・シュミットにより編集された第二版〕

形而上学講義における構想力の概念が明らかにバウムガルテンの心理学からの来歴を示しているのに反して、人間学（Anthropologie in pragmatischer Hinsicht, 1798.〔『実用的見地における人間学』〕）におけるカントは遥かに多く独立の見解を述べている。前者における分類がやや外面的であるのに反して、後者における分類の図式はいわば諸機能の構造そのものから得られている。その際この能力の若干の面の特徴附けは明瞭に先験哲学の影響を示している。ここでは構想力は何よりも生産的 produktiv と再生的 reproduktiv とに分かたれている。構想力 facultas imaginandi は「対象が現在しなくても直観する能力」ein Vermögen der Anschauungen auch ohne Gegenwart des Gegenstandes として定義される。そして生産的構想力は対象の根源的表出 exhibitio originaria それ故に経験に先行する表出の能力であり、再生的構想力は派生的表出 exhibitio derivativa 即ち以前に持たれた経験的直観を心に喚び戻す表出の能力である。「純粋な空間及び時間の直観は前の表出に属している、他のすべては経験的直観を前提し、このものは、それが対象の概念と結合され、それ故に経験的認識となる場合、経験と呼ばれる。*」純粋な空間及び時間の直観が生産的構想力の根源的表出に属するといわれていることは、やがて純粋理性批判における説と比較して注目すべきである。ところで構想力の生産性は、以前に我々の感覚能力に全く与えられなかった感覚表象を作り出すことができるという意味に解されてはならぬ。構想力は如何に偉大な芸術家、いな魔術師であるにしても、かかる意味において「創造的」であるのでなく、かえってその形成に対する素材を感覚から取ってこなければならぬ。しかるに構想力の形成物は悟性の概念のように一般的に伝達され得ない。その際カントが「感覚」Sinn(つねにただ単数において)という語の特殊な意味に注意しているのは興味がある。即ち伝達における構想力の表象に対する感受性が感覚と呼ばれる。「この人間はそれに対して何らの感覚も持たぬ」、とひとはいう。この場合感覚の無能力ではなく、むしろ一部分悟性の、伝達された表象を捕捉し、思惟において結合する無能力がいわれているのである。日常の用語において極めて普通の感覚という語はかようにして構想力に関係するであろう。それはナンセンス(Unsinn)であるとか、そのうちには豊かなまたは深いジン Sinn があるとかといい、あるいは der gesunde Menschenverstand〔健全な人間の理解力、常識〕を Gemeinsinn〔共通感覚、常識〕と称する場合においても、ジンという語は同じく構想力に関係なしには考えられないであろう。** 更に天才を定義して、「構想力の独創性（模倣的でない生産）は、それが概念に一致する場合、天才を呼ばれる」、といっているのは、*** 判断力批判における構想力の問題と比較して注目すべきである。

* Anthropologie § 28, Ak. Ausgabe, Bd. VII, S. 167.〔『人間学』第二八節、アカデミー版全集第七巻〕

** Op. cit., S. 169.

*** Op. cit., § 30, S. 172. 更に § 57, S. 224 を見よ。

生産的構想力の感覚的想像力は三つの種類に分かたれる。一、形成の感覚的想像力 das sinnliche Dichtungsvermögen des Bildung 即ち空間における直観の形塑的能力（imaginatio plastica）。その無意的な作用が想像 Phantasie であり、その有意的な作用は構成とか発明とかと呼ばれて芸術的創造の力である。二、聯合の感覚的想像力 das sinnliche Dichtungsvermögen der Beigesellung 即ち時間における直観の聯合的能力(imaginatio associans)。聯合の法則は、しばしば継起する経験的表象は、心のうちに習慣を作り、一つが現れるとき他もまた現れるということである。それは近接の法則にほかならない。三、親和の感覚的想像力 das sinnliche Dichtungsvermögen der Verwandtschaft 即ち表象相互の共通の由来による親和の能力(affinitas)。親和とは多様なものの一つの根基からの由来による結合を意味している。構想力の戯れはこの場合それに素材を与える感性の法則に従い、その聯合は、規則の意識なしにしかも規則に適って、かくて悟性から(aus)導来されたのではないとはいえ悟性に適って(gemäss)行われるのである。右の見解においてカントが習慣に基づく聯合を生産的構想力に属せしめたことは、詳しい説明に欠けているとはいえ、ヒュームのなお機械的な思想に対比して深い示唆を含むものであるが、先験哲学における構想力の理論と特に重要な関係をもっているのは親和の感覚的想像力の説である。その際彼は書いている、「悟性と感性とは、種類を異にするにも拘らず、あたかも一が他から、あるいは両者が一の共通の系統から起こったかのように、我々の認識を生ずるためにおのずと親和する。」もっともその事情は「少なくとも我々にとっては理解し得ず」、それを探ろうとするとき人間的理性は闇のうちに迷わざるを得ないのである。*

* Anthropologie § 31, S. 177. 親和(Verwandtschaft, affinitas)という語は化学から取ってこられたものであるが、その現象は無生物においても生物においても、物体においても心においても、存在するとカントは述べている(loc. cit., Anmerkung)。構想力の論理は世界の到る処に現れるともいい得るであろう。親和の概念はやがてゲーテなどの世界観において基礎的な重要性を有するに至った。

次に再生的構想力は「過去のもの及び未来のものを構想力によって現在化する能力」という題のもとに取り扱われている。この場合注目すべきは、カントが先見力 Vorhersehungsvermögen 即ち或るものを未来のものとして表象する能力を再生的構想力に属せしめているということである。* 過去のものを現在化する能力(想起力 Erinnerungsvermögen, Vermögen der Respicienz)は、無意的に働く場合単に再生的構想力と呼ばれ、これに反して有意的に働くものは記憶 Gedächtnis と呼ばれている。先見力(praevisio)は Divinationsvermögen (Vermögen der Prospicienz)〔予見の能力〕とも称せられ、「あらゆる可能なる実践と人間が彼の力の使用を関係附けるところの目的の条件」である。** すべての欲求はその力によって可能であるものの予見を含んでいる。過去の想起は未来の予見をそれによって可能にするためにのみ行われる、その際我々は、或ることを決心しあるいは覚悟するために、およそ現在の立場において我々の周りを見る、とカントは書いている。先見力はバウムガルテンにおいてと同じく特殊の場合には予言者的才能 Wahrsagergabe (facultas divinatrix) に高まると見られている。想起力と先見力とのいわば中間に構図力 Bezeichnungsvermögen (facultas signatrix) である。それは予見されたものの表象と過去のものの表象との結合の手段としての現在のものの認識の能力である。ここでカントは象徴 Symbole 及び特性 Charaktere の認識について論じている。***

* 拙著『構想力の論理 第一』六四頁参照。

** Anthropologie § 35, SS. 185, 186.

*** 表号あるいは記号 (signatio) の問題は、近代の認識論において閑却されている重要な問題であり、構想力に関係する広大な領域である。最近ハイデッゲル〔ハイデガー〕やヤスペルス〔ヤスパース〕がこの問題を、我々とは異なる立場からであるにせよ、取り上げているのは興味深い。

カントが如何に絶えず新たに構想力の概念の展開に努力したかは彼の遺稿が示している。* 諸能力の体系における構想力の位置を人間学的に定めようとする彼の種々の試みには、いわばこの概念を、多かれ少なかれ、感性の全範囲の、いな全体の心的活動の中心概念の位置にのぼせようとする一般的傾向が認められるであろう。その解決の動揺は、諸機能を孤立的に、固定的に、並列的に分類することに彼が満足しなかったことの兆しである。その際構想力において種々の観点から顕わになるあの「創造的原理」が、心の根源的力として、それらすべてがそこから出てくるないしそこに綜合される統一根基であるかのごとき予感があったもののごとくであり、それが構想力に絶えず新たな能力を帰属せしめる動機になったものと思われる。

＊ Reflexionen zur Anthropologie. Ak. Ausgabe Bd. XV.〔『人間学へのレフレクシオーン』アカデミー版全集第十五巻〕そこには構想力の更に別の分類が見出される(Nr. 228)。

人間学の立場と先験哲学の立場とは直ちに同じではないであろう。先験哲学の立場が固有の意味において先験的であるのに反して、人間の立場は経験的である。しかし我々は既にカントの人間学のうちに先験哲学の思想に通ずるものが含まれていることを見てきた。他方カントの先験哲学あるいは批判哲学の問題は固有の意味において人間学的であるということができる。純粋理性批判の先験的方法論の中で彼は、私の理性のあらゆる関心は、思弁的なものも、実践的なものも、次の三つの問《とい》——一、何を私は知り能《あた》うか。二、何を私は為すべきか。三、何を私は願い得るか。——に纏められるといっているが、[*] その同じ問はまた論理学の中に現れ、しかもここではそれら三つの問が第四の、「人間とは何であるか」という問に帰すること、そしてそのすべてが人間学 Anthropologie の問題であることが述べられているのである。[**]「人間学 the science of man は他の諸学にとって唯一の堅固な基礎であるから、この学自身に我々が与え得る唯一の堅固な基礎は経験と観察とに基づかねばならぬ」、とヒュームはいった。[***] カントの問題もまた人間学であったが、ただ彼のそれはヒュームの人間学が経験的であったのに対し先験的人間学ともいうべきものに高まらねばならなかったといい得るであろう。この先験的人間学は、カントの名を偉大ならしめたあの先験哲学の全く新しい、独特の問題提出を通じて可能にされ得るものである。

＊　Vgl. Kritik der reinen Vernunft, B833.〔『純粋理性批判』〕

＊＊　Vgl. Logik, Neu herausgegeben v. W. Kinkel, S. 27.〔カント『論理学』ヴァルター・キンケルによる新編集版〕

＊＊＊　A treatise of human nature, Introduction.

しかしいずれにしても人間学の立場は心理学ではないかといわれるであろう。これに反して先験哲学の立場は純粋に論理的である。そこで我々の認識の妥当性を基礎附ける論理的アプリオリが問題である。論理的意味におけるアプリオリの問題と心理的発生の問題とは厳密に区別されねばならぬ。かくてリールは批判のうちに含まれる心理学的解明や演繹を「不適当なもの」das Ungehörige と称している。* もしそれが単に経験心理学に属するものであるならば、それは確かに場所を得ないものであろう。しかしながら認識においては認識の対象が問題であるのみでなく、また対象の認識が問題でなければならぬ。認識の問題は対象の問題であると共に作用の問題である。そこに先験論理学と並んで先験心理学が考えられる。カント自身は、純粋理性批判の第一版の序文の中で、批判の最も重要な部分である先験的分析論における純粋悟性概念の演繹は「二つの面」を有するといい、次のごとく書いている。「その一つの面は純粋悟性の対象に関係し、その概念の客観的妥当性を先験的に証明し理解せしめなければならぬ、まさにそれ故にそれはまた本質的に私の目的に属している。他の面は純粋悟性そのものを、その可能性と、その上に純粋悟性そのものが拠っている認識諸力とに従って、かくてそれを主観的関係において考察することを目差している、この解明は私の主要目的に関して大きな重要性を有するにしても、本質的にはこれに属しない。なぜなら主要問題はつねに、悟性と理性は何をまた如何に多く、あらゆる経験から離れて、認識し得るかということであって、思惟する能力そのものが如何にして可能であるかということではないから。後者はいわば与えられた結果に対する原因の探求であり、何か仮説に類するものをそれ自身に有するから(私が他の機会に示すであろうように、実際にはそういう事態にあるのでないにしても)、この場合私には臆見することが許されており、従って読者にとってもまたそれとは違って臆見することが自由でなければならぬかのように思われる。」即ちここでカントは純粋悟性概念の演繹が客観的面と主観的面とを有することを述べている。範疇の先験的演繹には「主観的演繹」subjektive Deduktion と「客観的演繹」objektive Deduktion とが区別される。** 後者が先験論理的であるとすれば、前者は先験心理的である。しかも先験論理学は先験心理学を離れ得ないであろう。第一版の演繹論はいわゆる主観的演繹を色濃く出しているのであるが、これはカントがなお不徹底であったことを示すものであろうか。ともかくまず彼はそこでも既に、右に引用したごとく、主観的演繹は批判の主要目的に本質的には属しないと断りながら、それを敢えてしているのである。しからばそれは客観的論理的演繹の抽象的な思想を理解し易くするための「具象化的意義」eine illustrative Bedeutung を有するに過ぎないであろうか。*** この部分は第二版において書き替えられた。しかしこれをもってカントの立場に何らかの変更があったと見ることは行き過ぎである。第二版の中から先験心理学的なものが全く拭い去られたと見ることは不可能である。先験論理学はまさに主観の先験性(超越性)に基づくものとして先験心理学から離れることができぬ。先験哲学にはカント自身の語を借りると認識の「源泉」Quell もしくは「根源」Ursprung の問題がある。この源泉もしくは根源の問題は先験心理学の問題にほかならない。それはフッセル〔フッサール〕の現象学の問題に類似しているともいえるであろう。カントは経験一般とその対象の認識の可能性の基礎として感覚、構想力、統覚という「認識の三つの主観的源泉」drei subjektive Erkenntnisquellen あるいは「三つの根源的源泉(心の能力)」drei ursprüngliche Quellen (Fähigkeiten oder Vermögen der Seele) を挙げている。**** そしてこれらの能力には経験的使用と同時に先験的使用があるというのである。その先験的使用が先験心理学の問題にほかならない。先験論理学は先験心理学と結び附かねばならず、逆に先験心理学は先験論理学と結び附かねばならぬ。論理と心理とは統一されねばならぬ。主観的演繹と客観的演繹とは統一されねばならぬ。主観的演繹はまさに主観的である故をもってカントのいったごとく「何か仮説に類するもの」をそれ自身において有するにしても、それは客観的演繹と結び附くことによってかくのごとき主観性を脱することができる。カントはその心理学的仮説をその認識論的結果と一致させようとしたのである。かようにしてまた人間学はいわゆる先験心理学の問題を通じて先験哲学に結び附いてゆくであろう。カントの人間学が経験的なものを超えて深められ、諸能力の系統の統一化、心の「創造的」機能の探究に向かっているのは、かくのごとき先験的なものへの突入を示しているであろう。

* Vgl. A. Riehl, Op. cit., 1. 503ff.
** Kritik der reinen Vernunft, A X, XI.
*** Vgl. R. Schmidt, Op. cit., S. 18.
**** Kritik der reinen Vernunft, A115, 94.

九

既にいったごとく、純粋理性批判の問題は経験であった。カントの先験論理は経験の論理である。経験の論理が先験論理であるのは、経験というものが単に経験的なものでなく、かえって経験的なものと先験的なものとの統一である故である。経験の論理は内容の論理であり、対象の論理である。単なる形式論理においては構想力は場所を見出し得ないであろう。構想力の論理は形式論理であることができぬ。先験論理は対象の論理であるところから構想力に関係してくるのである。もとより論理という以上、それが単に内容的であり得ないことは明らかであって、そこに何か形式的なところがなければならぬ。言い換えると、それは純粋な内容に関係している。先験論理は一定の内容に、即ちただ先験的な純粋認識のそれに限られている、とカントはいうのである。* 認識のあらゆる内容から抽象された形式論理、カントのいわゆる一般論理は、真理の消極的な試金石に過ぎず、内容的(客観的)真理を決定し得ない。これに反して先験論理は「真理の論理」Logik der Wahrheit である。** なぜなら如何なる認識もあらゆる内容を、即ち客観とのあらゆる関係を、従ってあらゆる真理を失うことなしにこの論理に反することができないから。単なる Richtigkeit(正しさ)の論理においては構想力は位置を有しないであろう。構想力が問題になるのは Wahrheit(真理)の論理においてである。先験論理は真理の論理であるが、それはもとより論理として個々の具体的な経験的真理を取り扱うのでなく、かえってこのものを可能ならしめる「先験的真理」transzendentale Wahrheit についての考察である。「我々のあらゆる認識はあらゆる可能なる経験の全体のうちにある、そしてあらゆる経験的真理に先行しこれを可能ならしめるところの先験的真理はこの経験に対する一般的関係において成立する」、とカントは書いている。*** 構想力の論理はかような先験的真理に関係するのである。

* Kritik der reinen Vernunft. B170.
** Op. cit., B87, 170.
*** Op. cit., B185.

先験論理の根本概念は綜合である。綜合というものがなければ、我々に与えられたものは混沌たる多様に止まるであろう。綜合は主観の生産的なもしくは自発的な能力に属している。もしも主観が無活動な受動性に留まるならば、与えられたものは現象の「雑沓《ざっとう》」として、あるいは「狂想曲」として我々の意識を掠めてゆくに過ぎないであろう。カントが構想力に着目したのは綜合の問題に関してであった。既に経験心理学は想起や詩作や夢における構想力の生産性ないし自発性を強調している。カント以前の心理学がその活動を主として再生的なものにおいて、仮象の産出において、幻想や虚構や熱夢において見たとすれば、カントの人間学は、既に示したごとく、その活動を遥かに遠く正常な知覚あるいは表象過程において認めたのである。この思想は先験哲学において更に一層深められねばならなかった。かくてカントはいう、「後に至って述べるように、綜合一般 die Synthesis überhaupt は全く構想力の所作である。構想力は心の盲目な、しかし欠くべからざる機能であって、これなしには我々はおよそ如何なる認識をも有し得ないが、我々がこれを意識していることは非常に稀である。*」そこで我々はカントにおける綜合の説を手懸かりとして構想力の問題を検討してゆこう。

* Kritik der reinen Vernunft, B104.

既に触れたごとく、純粋理性批判第一版における純粋悟性概念の演繹の始と終とにおいて、カントは認識の三つの源泉について語り、いずれもその経験的使用のほかに先験的使用の存在することを述べている。*「あらゆる経験の可能性の条件を含みそしてそれ自身他の如何なる心の能力からも導来され得ないところの三つの根源的な源泉(心の能力)、即ち感覚、構想力、統覚がある。……これらすべての能力は、経験的使用のほかに、専ら形式に関係しそして先験的に可能であるところの先験的使用を有している。」「経験一般とその対象の認識の可能性の基礎となる三つの主観的な認識源泉、感覚、構想力、統覚がある。これらはいずれも経験的として、即ち与えられた現象への適用において、考察され得るが、しかしそのすべてはまたこの経験的使用をさえも可能にするところの先験的要素あるいは基礎である。」そしてカントはそれら認識の三つの根源的源泉に基づけて三様の綜合を認めた。一、直観における覚知の綜合 die Synthesis der Apprehension in der Anschauung. 二、構想における再生の綜合 die Synthesis der Reproduktion in der Einbildung. 三、概念における再認の綜合 die Synthesis der Rekognition im Begriffe. がそれである。それはまた、一、感覚による先験的な多様の共観(Synopsis) 二、構想力によるこの多様の綜合(Synthesis) 三、根源的統覚によるこの綜合の統一(Einheit)として記されている。これらの綜合には、これらの能力の経験的使用と先験的使用とに相応して、いずれも経験的な綜合と純粋なあるいは先験的な綜合とがある。しかもその純粋綜合はその経験的綜合の可能性の制約をなしているのである。

* Kritik der reinen Vernunft, A94, 115.

ところで右の三様の綜合について順次説明してゆくにあたり、カントは始めに次のことを注意した。我々の表象は、それが如何なる根源を有するにせよ、それを惹き起こすものが外物の影響であるにせよ内的原因であるにせよ、その成立が先験的であるにせよ経験的であるにせよ、心の変様として内官 der innere Sinn に属し、そしてかようなものとして我々のすべての認識はけっきょく内官の形式的制約即ち時間に従属している。それはすべて時間において整序され、結合され、互いに関係させられねばならぬものである。そして「このことは以下の攻究において飽くまでも基礎とせられねばならぬ一般的注意である。*」即ち右の三様の綜合はつねに時間の地盤において成立するのであり、時間はそれらに共通の性格である。カントが与えたこの一般的注意は、それらの綜合と構想力との関係を理解するために重要である。なぜなら構想力は根源的に時間と関係しているのであるから。既に見てきたごとく、カントは形而上学講義において、構想力あるいはそこにいうところの形成力 die bildende Kraft を分析して、この能力は、あるいは現在の時間の表象を、あるいは過去の時間の表象を、あるいはまた未来の時間の表象を産出すると述べている。かくて形成力は、一、現在の時間の表象であるところの現形成 Abbildung の能力(facultas formandi)から、二、過去の時間の表象であるところの追形成 Nachbildung の能力(facultas imaginandi)から、三、未来の時間の表象であるところの先形成 Vorbildung の能力(facultas praevidendi)から、成っている。** このように Einbildung(構想)の Bildung(形成)は時間に関係するのである。従って右の三様の綜合がいずれも時間の地盤において成立するとすれば、それらは共通に構想力に関係すると考えられるであろう。

* Kritik der reinen Vernunft, A99.

** Vorlesungen über die Metaphysik, a. a. O. S. 88.〔『形而上学講義』前掲書〕なお Martin Heidegger, Kant und das Problem der Metaphysik, 1929, S. 165ff.〔マルティン・ハイデガー『カントと形而上学の問題』〕参照。

一、直観における覚知の綜合。すべての直観は多様を含み、多様の統一である。その統一が多様に即しての統一であるためには、心が印象の継起に従って時間を前後に区別するということがなければならぬ、「一つの瞬間に含まれるものとしては如何なる表象も絶対的統一以外のものであり得ない」からである。この多様から直観の統一が成立するためには、まず多様性の通観、次にその結合が必要であって、直観に関係するこの作用が覚知の綜合と呼ばれるものである。直観は多様を与えるけれども、このものはその際現れる綜合の働きなしには多様であってしかも一つの表象のうちに含まれるものとなることができぬ。この綜合は単なる今でなく、今、今、今と継起するものを一つの現在において見るSynopsis（共観）であり、形而上学講義にいうAbbildungに相応すると考え得るであろう（この場合Abbildungとは模写の意味ではなく、対象そのものの形相の直接的な観取の意味における形成である）。かかる覚知の綜合は経験的直観に局限されることなく、純粋直観に関しても行われる筈である。もしそれがないならば、我々は空間の先験的表象をも時間の先験的表象をも有し得ないであろう。これらの表象は、感性が「その根源的受容性において」in ihrer ursprünglichen Rezeptivität提供するところの多様の綜合によってのみ産出され得るからである。ここに覚知の純粋綜合がある。しかるにあらゆる直観は空間及び時間の形式において与えられるとすれば、覚知の純粋綜合はその経験的綜合の可能性の基礎であるといわねばならぬ。

それではかような覚知の綜合と構想力との関係は如何なるものであろうか。あらゆる現象は多様を含み、従って種々の知覚はそれ自体においては個々分散して意識される故に、その結合が必要であるが、知覚はこの結合を感覚そのものにおいて有することができぬ、とカントはいい、そして次のごとく書いている。「それだから我々のうちにはこの多様の綜合の活動的な能力があるのであって、それを我々は構想力と名附け、そしてそれの直接に知覚に及ぼす作用 deren unmittelbar an den Wahrnehmungen ausgeübte Handlung を私は覚知 Apprehension と名附ける。構想力は即ち直観の多様を一つの形象に in ein Bild もたらさねばならぬ、故に構想力はまず印象をその活動のうちに受け入れねばならぬ、言い換えると、印象を覚知しなければならぬ。*」同じ個所の註においてカントは、「構想力が知覚そのものの必然的成分 ein notwendiges Ingredienz der Wahrnehmung selbst であることにはまだ如何なる心理学者も考え及ばなかった」といって、自己の創見を誇り、彼らの不行届の原因の一つとして、彼らが構想力を単に再生的なものに限ったことを挙げている。かようにして覚知の純粋綜合は生産的構想力あるいは先験的構想力の一様態でなければならない。そこで純粋理性批判の第二版においては、ただ経験的覚知のみが語られ、純粋覚知の代わりにここでは「生産的構想力の継起的綜合」といわれている。** また既に注意しておいたごとく、人間学においては、純粋な空間及び時間の直観は生産的構想力の根源的表出 exhibitio originaria に属せしめられているのである。

＊ Kritik der reinen Vernunft, A120.

＊＊ Vgl. Op. cit., B204.

二、構想における再生の綜合。この場合にもカントは経験的表象作用における再生的綜合から始めている。しばしば継起あるいは同伴したことのある表象は遂には聯合され、そしてそれによって結合されるようになり、その表象の一つが与えられると、他の表象は、対象が現在しなくても、一定の規則に従って再生される。かかる再生が構想力に属することは明らかである。なぜなら構想力とは定義によって「対象をそれが現在しなくても直観において表象する能力」das Vermögen, einen Gegenstand auch ohne dessen Gegenwart in der Anschauung vorzustellen であるから。＊ もしも表象が偶然出会うままに無差別に再生されるとするならば、そこに現れるのは表象の乱雑な集積であって一定の聯関でなく、従って何らの認識も生じない故に、表象の再生は規則を有するのでなければならぬ。しかるにこの再生の規則は、現象そのものが実際にかような規則に従っているということ、その表象の多様において規則的な同伴あるいは継起が起るということを前提する。このことがないとすると我々の経験的構想力は何らその能力に適ったことをすることができないで、我々自身に知られない死んだ能力として心のうちに埋れていることになるであろう。もし辰砂《しんしゃ》が赤かったり黒かったり、軽かったり重かったりするとしたら、私の経験的構想力は赤色の表象によって重い辰砂を思い浮かべることさえできぬであろう。この点に関して現象が既にみずから従っている規則がないとすれば、再生の如何なる経験的綜合も成立し得ないであろう。そこでカントはいう、「それ故に現象の必然的綜合的統一の先験的基礎をなし、もって現象のかくのごとき再生すらも可能ならしめるところの或るものがなければならぬ。」経験的構想力の経験的再生の経験的綜合の可能性の根拠として、先験的構想力の純粋再生の純粋綜合がなければならない。「しかるに現象は物自体そのものではなく、我々の表象の単なる戯れであり、そして表象はけっきょく内官の限定に帰することを想い起こすならば、我々は直ちにこの或るものに想い到るのである。」純粋再生の純粋綜合が現象の直観の形式的制約としての時間に関係することは明らかである。「いったいもし我々が我々の最も純粋な先験的直観ですらも、再生の汎通的綜合を可能ならしめるところの、かくのごとき多様の結合を含まない限り、何らの認識も与えないことを証明することができるならば、構想力のこの綜合もまたあらゆる経験に先立って先験的原理に基づくものであることが明らかにせられる、そして我々は構想力の純粋な先験的綜合を想定しなければならぬ。このものはあらゆる経験の可能性にとってさえもその基礎に存するものである（というのは経験の可能性は現象の再生可能性を必然的に前提するから）**。」いま私が頭の中で一つの線を引くか、一つの昼から他の昼までの時間を考えるか、もしくはまた或る数を表象するかしようとするならば、私はまず必然的にこの多様な表象の一つ一つを順々に思考のうちに把捉しなければならぬ。しかるにもし私がいつも先行表象（線の始めの部分、時間の先行部分、順次に表象された数の単位）を忘れてしまい、次の表象に移っていってそれを再生しないとしたら、全体の表象は決して生じ得ないであろうし、否、「空間や時間という最も純粋な第一次的な根本表象も生じ得ないであろう。」再生の綜合のうちには失われないということ、言い換えると保持し得るということが存する。しかるに以前に経験されたものが保持され得るためには、心が「時間を区別し」、その際「以前に」とか「あの時」とかというものを見取るということがなければならぬ。以前に経験されたものは、もしそれが一般に保持可能でないと、その時々の今と共に絶えず全く失われてしまうであろう。かようにして再生の経験的綜合が可能になるためには、予め既に「もはや今でない」というものがそのものとしてあらゆる経験に先立って再生され、そのつどつどの今と一つにされ得るのでなければならぬ。これは純粋再生において行われ、純粋再生は純粋構想力の純粋綜合である。しかるに純粋構想力は本質的に生産的 produktiv であるとすれば、再生的 reproduktiv 綜合が生産的構想力に属するというのは矛盾ではないであろうか。この疑問に対しては、純粋再生は予め「以前に」というものをそのものとして顕わにすることによって再生一般の可能性を形成するのであると答えることができる。即ちこの純粋綜合は過去性そのものを形成するのであって、形而上学講義にいう Nachbildung に相当するものと看做し得るであろう。それではこの形成の何処に純粋綜合性が存するであろうか。「あの時」の根源的な形成的保持は「もはや今でない」というものの保持的形成であって、この形成はそのつどつど今と合一される。純粋再生は現在形成的なものとしての直観の純粋綜合と本質的に合一的である。「覚知の綜合はそれ故に再生の綜合と不可分離的に結び附いている」、とカントはいう***。あらゆる今は今既に「いましがた」である。覚知の綜合が今、今、今を一つの現在において共観するためには、通観された現前的多様をそのつど然るものとして保持し得なければならず、従ってそれは同時に再生の純粋綜合でなければならぬ。

＊ Kritik der reinen Vernunft, B120. この定義は人間学における定義と全く一致している。
＊＊ Op cit., A101.
＊＊＊ Op cit., A102.

三、概念における再認の綜合。覚知の綜合が再生の綜合と結び附きこれを予想するように、再生の綜合は——従ってまた覚知の綜合も——再認の綜合と結び附きこれを予想する。「我々の現に思惟するものが我々の一瞬前に思惟したものとまさに同一であるという意識がなければ、表象の系列におけるあらゆる再生は無駄であるであろう」、とまずカントは書いている。なぜなら我々の現に思惟するものは今の状態における新しい表象であって、この表象はそれが依ってもって順次に産出された筈であるところの作用には全く属せぬであろうし、そして表象の多様はいつも全体を構成せぬであろう、というのはそれにはただ同一性の意識のみがそれに与え得るところの統一が欠けているからである。例えば私が数を算《かぞ》えるにあたって、今私の心に浮かんでいる諸単位は順次自分によって附け加えられたものであるということを忘れるならば、単位のこの継時的附加による量の産出、従ってまた数を認識することができないであろう。数の概念は全くかくのごとき統一の意識において成立するのである。覚知の綜合及び再生の綜合の根柢にはかくのごとき統一もしくは同一性に向かっての綜合が指導的に横たわっている。この綜合をカントは「概念における」綜合と称した。というのは、概念は多くのものに対して同一のものとして妥当するところの統一の表象であるから。「けだし多様なもの、順次に直観されたもの、そして次にまた再生されたものを一つの表象に結合するのはこの一つの意識である。*」この意識がなければ概念は不可能であり、従って対象の認識は全く不可能である。いったい対象とは何であるか。対象は認識に対応し、従ってまた認識とは区別されるものというが、元来我々は我々の認識のほかにこの認識に対応するものとしてこれに対立させ得るような何物も有しないのである。しかし我々はあらゆる認識のその対象に対する関係についての我々の思考が或る必然性を伴うことを認める、即ち対象とは我々の認識がでたらめに気儘に限定されることに反対し、何らかの仕方で先験的に限定されるようにするものと看做されるのである。我々の認識は一つの対象に関係しなければならぬことによって必然的にまたこの対象に対する関係において相互に一致しなければならぬ、言い換えると一つの対象の概念を形作るところの統一を有しなければならないのである。しかるに我々と関わるものはただ我々の表象の多様であるから、対象が必然的ならしめる統一は、表象の多様の綜合における意識の形式的統一以外の何物でもあり得ない。かくて「我々は、直観の多様に綜合的統一を与えた場合に、我々は対象を認識する、という。しかるにこの綜合的統一は、多様の再生を先験的に必然的ならしめるところの、そしてそれにおいてこの多様が結合される概念を可能ならしめるところの、規則に従える綜合の機能によって、直観が産出され得るのでなければ、不可能である。**」例えば我々は、三直線の結合を、三角形の直観がそれに従っていつも表出され得るところの規則に従って意識することによって、三角形を対象として思惟するのである。この規則の統一がすべての多様を限定し、そしてそれをば統覚の統一を可能ならしめる制約に対して制限する、そしてこの統一の概念が対象の表象なのである。ところですべての必然性にはつねに先験的制約がその基礎に横たわっている。従って我々のすべての直観の多様の綜合において、従ってまた客観一般の概念の綜合においても、従ってまた経験のあらゆる対象の綜合においても、意識の統一の先験的根拠が存しなければならぬ。これがなければ我々の直観に対して何らかの対象を思惟することができぬ。なぜなら対象とは概念がそれについてかくのごとき綜合の必然性を表現するところの或るものに過ぎないからである。この根源的な先験的な制約が先験的統覚にほかならない。かようにしてカントはここに先験的統覚 die transzendentale Apperzeption の概念を導き入れたのである。如何なる認識も、また認識相互の結合と統一も、直観のあらゆる所与に先行するところの、そしてそれに関係してのみ対象のすべての表象が可能であるところの、意識の統一なしには我々において成立することができぬ。この「純粋な、根源的な、不変の意識」が先験的統覚と称せられるものである。それがこの名に値することは、最も純粋な客観的統一、即ち先験的概念(空間及び時間)のそれでさえも、直観がこの意識と関係することによって可能であるということによって既に明らかである。

＊　Kritik der reinen Vernunft, A103.
＊＊　Op. cit., A105.

そこで我々にとっての問題は、この第三の綜合、さきの二つの綜合に対して指導的に働くこの本質的にはむしろ第一の綜合と構想力との関係である。この問題はまずこの再認の綜合と時間との関係を明らかにすることによって答えられる筈である。既に述べたごとく、純粋覚知は現在形成的な Abbildung に、純粋再生は過去形成的な Nachbildung に相当すると看做され得るとすれば、純粋再認は形而上学講義にいう未来形成的な Vorbildung に相応すると考えられないであろうか。実際、例えばハイデッゲルはそのように考え、そして次のごとく説明したのである。[*] 再認の綜合は他の二つの綜合にいわば先んじて生ずる。カントがこの同一化の綜合に再認 Rekognition という名を与えたのは適切であった。それは先んじて偵察し(erkunden, rekognoszieren という語は兵学上かかる意味を有する)、予め同一的なものとして把持されていなければならぬものを探索する[**](durchspähen)、これによって覚知的並びに再生的綜合は一般にその中で自己の働き得る存在者の完結的領域を先発見し得るのである。しかるにこの同一化の偵察的綜合は経験的なものとして必然的に純粋な同一化を前提する。言い換えると、純粋再生が再生の可能性を形成するごとく、純粋再認は同一化の可能性を提供しなければならぬ。この純粋綜合が偵察する場合、それは、同一的なものとして先保持し得る存在者を偵察するのでなく、先保持可能一般の地平 den Horizont von Vorhaltbarkeit überhaupt を偵察するのである。その偵察は純粋偵察としてこの先的なもの das Vorhafte 即ち未来の根源的形成である。かようにして第三の綜合もまた本質的に時間形成的である。それは純粋な Vorbildung(先形成)であり、純粋構想力の一つの作用である。しかもこの純粋先形成が他の二つのものと本質的に一緒になりながらそれらに対して内的構造上優位を占めるということは、時間は第一次的には未来から時成するという、時間の最も根源的な本質を顕わにするのである。かようにしてハイデッゲルに依ると、純粋覚知、純粋再生、純粋再認はいずれも先験的構想力に属し、その純粋綜合の「三様態」にほかならず、現在、過去、未来としての時間の三様相の統一を現している。先験的構想力は純粋な形成的能力として時間形成的である、あるいは、時間を発現せしめる。これが純粋な、即ち生産的な先験的構想力の内的本質であり、一言でいうと、先験的構想力は根源的時間であるということになる。(27)

＊　Vgl. M. Heidegger, Op. cit., S. 175ff.
＊＊　「悟性は現象において何らかの規則を発見しようとしてこれを探索するに忙しい。」K. d. r. V. A126.

この独創的な解釈に対して差当たり問題になるのは、右に記したごとくカントが概念における再認の綜合の根拠として掲げた先験的統覚である。先験的統覚とは「我考う」Ich denke ということである。＊この我と時間とは一致し得るであろうか。カントは「(純粋統覚の)常住不易な我 das stehende und bleibende Ich (der reinen Apperzeption）は我々のあらゆる表象の相関者を形作る」といっている。この我はまた「常住なあるいは不易な自己」das stehende oder bleibende Selbst ともいわれ、そして先験的統覚は「純粋な、根源的な、不変な意識」das reine, ursprüngliche, unwandelbare Bewusstsein として定義されている。** そうであるとすれば、先験的統覚もしくは先験的自我は超時間的なもの、永遠なものではないであろうか。この疑問に対して、ハイデッゲルはまず時間と「我考う」との本質が同じ賓辞によって現されていることを指摘する。即ち純粋統覚の我が „das stehende und bleibende Ich“ といわれるように、カントは、時間の先験的本質を明らかにした図式論の章において、時間についても同様にいっている。曰く、「時間は流れてゆかない die Zeit verläuft sich nicht. 時間において変化するものの現存在が流れてゆくのである、それ自身不変で不易な時間 die Zeit, die selbst unwandelbar und bleibend ist. に現象においては現存在における不変なもの即ち実体が対応する。***」かように時間と先験的自我との本質を現す賓辞が合致しているということは、それらが共に「時間において」in der Zeit ないということを意味している。しかしながら、ハイデッゲルに依ると、そのことは我が「時間的」zeitlich でないということを意味しない。常住とか不易とかは我の不変化についての存在的規定でなく、先験的規定であり、そしてそれは次のことを意味している。我そのものが予め不易性及び常住性一般を先保持する限りにおいてのみ、それは自同性の地平を形成し、その内部において対象的なものが変化における同一的なものとして経験され得るものとなるのである。いわゆる „stehend" とは我が「我考う」として„Stand und Bestand"（常住性）を先保持するという意味であり、かようなものとして我は常住性一般の相関者を形作るのである。しかるにかかる現在一般の純粋視象の純粋産出は純粋直観としての時間そのものの本質である。常住不易の我とは、我が時間の根源的形成において、言い換えると根源的時間として、対象（Gegenstand 即ち対して立つもの）の対象化（Gegenstehenlassen 即ち対して立たしめること）及びその地平を形成することにほかならない。[28] しかしかくのごときハイデッゲルの解釈は果たしてカントの解釈として妥当であるであろうか。我々はその吟味から始めて、カントにおける構想力の問題を更に図式論を経て第三批判に至るまで追求してゆかねばならぬ。

＊　「我考うということは私のあらゆる表象に伴い得るのでなければならぬ。」K. d. r. V. B131.

＊＊　Op. cit., A123, A107.

＊＊＊　Op. cit., A144, B183. 時間のかかる性質はその概念性を形作るものであり、図式論に

とって重要である。

一〇

問題は、概念における再認の綜合、そして先験的統覚と、構想力との関係であった。他の二様の綜合即ち覚知の綜合及び再生の綜合については、それらが構想力に属することは、既に述べたところによって明瞭である。故にもし経験の問題がここまでで片附くものとすれば、ヒュームにおいてのように、悟性は「構想力の一般的な、より確立された諸性質にほかならず」、悟性と構想力とは一つのものであると考えることも可能であろう。カントは進んで先験的統覚もしくは純粋統覚の概念を持ち出すことによってヒュームの経験論の立場を超えた。従って先験的統覚と、また悟性と構想力との関係を明らかにすることは、カントの経験理論を理解するために重要である。

純粋理性批判の第一版における先験的演繹論はいわば二つの道をもっている。一は上からの道(A116–120)であり、他は下からの道(A120–128)である。上からの道は純粋統覚から出立する。それはあらゆる表象がそこに集注し、そこにおいて初めて認識の統一を得て一個の可能な経験となるところの点である。あらゆる直観は、それが意識に直接に流れ込むにせよ、間接に流れ込むにせよ、ともかく意識へ取り入れられ得るのでなければ、我々にとっては無であり、全く没交渉である、意識されることによってのみ認識は可能である。我々は、我々の認識に属し得るあらゆる表象に関して、自己自身の汎通的な同一を、あらゆる表象の可能性の必然的制約として、先験的に意識している。この意識が根源的統覚としての自己意識あるいは自覚 Selbstbewusstsein であって、これが我々の表象の(従ってまた直観における)あらゆる多様の統一の先験的原理である。「我考う」Ich denke ということで表されるカントの自覚即ち自己自身の汎通的な同一 die durchgängige Identität unserer selbst の意識は、分析的統一ではなくて綜合的統一である。それは、我は我であるというごとき抽象的な自己同一ではなく、多様に即して成立する綜合的統一である。「主観における多様の統一は綜合的である、それ故に純粋統覚はあらゆる可能な直観における多様の綜合的統一の原理を提供する」、とカントはいっている。しかるにこのように先験的統覚が綜合的統一であるためには、如何なることがなければならないであろうか。カントは続けていう、「この綜合的統一はしかし綜合を前提する、もしくはこれを包含する。Diese synthetische Einheit setzt aber eine Synthesis voraus oder schliesst sie ein. そして前者が先験的必然的であるべきであるならば、後者もまた先験的綜合でなければならぬ。」先験的統覚の統一が分析的統一でなく綜合的統一であるためには、あるいはハイデッゲルの語を借りて言うと、それが賓辞的綜合 die prädikative Synthesis でなく真理的綜合 die veritative (wahr-machende) Synthesis(29) であるためには、それはひとつの本来的な綜合を前提しなければならぬ、あるいはこれを包含しなければならぬ。先験的統覚はそれ自身としては統一の能力であって、綜合の能力ではないということもできるであろう。＊「綜合一般は全く構想力の所作である。」そこでカントは更に続けていう、「故に統覚の先験的統一は、認識における多様のあらゆる結合の可能性の先験的制約としての構想力の純粋綜合に関係する。しかるに先験的に成立し得るのはただ構想力の生産的綜合のみである、なぜなら再生的綜合は経験の制約に基づくものであるから。かようにして構想力の純粋(生産的)綜合の必然的統一の原理は統覚に先行して(vor)あらゆる認識の、特に経験の根拠である。」即ち綜合ということから見ると、構想力の綜合は最も根源的なものであり、かようなものとしてそれは統覚に「先行し」、統覚も綜合的統一としてそれを「前提し」なければならぬ。言い換えると、統覚は構想力の純粋綜合を自己の前にもたなければならず、このものの上に働くのである。統覚の統一は構想力の綜合に対して或る意味においては後からのものであるということができるであろう。カントはいう、「構想力の綜合に関する統覚の統一は悟性である、そして構想力の先験的綜合に関する統覚の統一は純粋悟性である。」即ち統覚はそれが純粋構想力を前提する限り、単に悟性である。構想力の根源的な綜合に対して統覚は単に悟性として作用するのである。ところで純粋綜合は先験的に結合するのでなければならぬ故に、それが結合するものはそれにとって先験的に与えられていなければならぬ。従って純粋構想力は時間に関係するのでなければならず、かようにしてそれは先験的統覚と時間との、悟性と感性との媒介者である。構想力は全く独自の能力としてかくのごとき媒介者の地位を占めている。これが第一の道によって示されたことである。

＊　カントは上述の三様の綜合をそれぞれ共観(Synopsis)、綜合(Synthesis)、統一(Einheit)として特性附け、かくて構想力によるものを特に綜合という語で、統覚によるものを特に統一という語で表している。A94 参照。

第二の道は下から即ち経験的なものから出立する。我々に与えられる最初のものは現象であり、それが意識に結び附く場合、知覚と呼ばれる。しかるにいずれの現象も多様を含み、従って種々の知覚はそれ自体においては個々分散して意識される故に、その結合が必要であるが、知覚はそれを感覚そのものにおいて有することができぬ。この多様の綜合の活動的な能力が構想力であって、それの直接に知覚に及ぼす作用が覚知と名附けられることは前に述べた通りである。構想力は直観の多様を一つの形像にもたらさねばならぬ。しかしながらこの多様の覚知もそれだけではいまだ何らの形像をも、印象の何らの聯関をも作り出さないであろう、それにはなお他の主観的根拠が存しなければならない。詳しく言うと、心が一つの知覚から他の知覚へ移って行った場合に先の知覚を後の知覚に対して喚び起こし、そしてかようにしてその全系列を表出するところの構想力の再生的能力が必要である。しかしながらもし表象が偶然出会うままに互いに無差別に再生されるとしたならば、そこにまた表象の何ら一定の聯関も生じないで、その乱雑な堆積が生ずるのみであり、従って如何なる認識も生じないであろう。故に表象の再生は規則を有し、それに従って表象が構想力において結合されるというのでなければならぬ。この規則に従える再生の主観的経験的根拠が表象の聯合 Assoziation と称せられるものである。しかしながらかような聯合の統一はまた客観的根拠を有し、現象が構想力によってこの覚知の可能な綜合的統一の制約のもとにおけるとは違って覚知されることが不可能になるというのでなければ、現象が人間の認識における或る聯関に適合するということはまた全く偶然的なことになるであろう。なぜならたとい我々が知覚を聯合する能力を有するとしても、それらの知覚がまた可聯合的 assoziabel であるか否かはそれ自体においては全く不定で偶然的であるであろうから。そしてもし知覚が可聯合的でないとした場合には、そこでは多くの経験的意識が私の心において、しかし分離して、一個の私自身の意識に属することなしに、見出されるというような一群の知覚、それのみか全感性が可能であるであろう。けれどもそのことは不可能である。なぜならあらゆる知覚にあって、それを根源的統覚の一個の意識のうちに入れることによってのみ、私はそれを意識している、といい得るのであるから。それ故にすべての現象をそれ自身可聯合的で再生における汎通的連結の一般的規則に従っている感官の所与と見るところの、すべての現象に亙る法則の可能性のみが必然性の基礎をなす客観的根拠、言い換えると構想力のあらゆる経験的法則に先行して先験的に認められる根拠が存しなければならぬ。現象のあらゆる聯合のこの客観的根拠をカントは現象の親和 die Affinität der Erscheinungen と称した。ところでこの根拠は我々に属すべきあらゆる認識に関する統覚の統一の原則以外の何処にも見出すことができぬ。この原則に従ってあらゆる現象はすべて統覚の統一に合致するように覚知されねばならぬ、しかるにそのことは現象の連結におけるそれ自身また客観的必然的な綜合的統一なしには不可能であろう。即ち現象が「統覚の統一に合致する」zur Einheit der Apperzeption zusammenstimmen ということは構想力の綜合によって可能になるのであり、構想力の綜合は統覚に対して現象の連結における綜合的統一、従って現象の親和を作り出すことによってそれを可能にするのである。かようにしてカントはいう、「それ故に（根源的統覚の）一個の意識におけるあらゆる（経験的）意識の客観的統一は、あらゆる可能な知覚すらもの必然的制約である、そしてあらゆる現象の（近いと遠いとを問わず）親和は先験的に規則に基づける構想力における綜合の必然的結果である。」(30) 統覚の統一はあらゆる現象の必然的制約であるが、しかしそれには構想力の綜合が先行し、これによって現象は統覚の統一に適うものとせられるのである。そして統覚もまたかくのごとき構想力の綜合によって現象に関わることができる。そこでカントは他の個所で次のごとく述べている。元来あらゆる現象は、表象として、自己意識に属するが、自己意識は数的同一性 die numerische Identität である、この根源的統覚によらないでは何物も認識となることができぬ。ところでこの同一性は、それが経験的認識となるべき限り、必然的に現象のあらゆる多様の綜合のうちへ入ってこなければならぬ故に、現象はその(覚知の)綜合が汎通的に適合していなければならぬ先験的制約に従っている。即ちあらゆる現象は必然的法則に従っての汎通的連結に、言い換えると先験的親和に立っているのであり、そして経験的親和というものは先験的親和の単なる結果なのである。* 親和は多様の親和 die Affinität des Mannigfaltigen である。かようにして統覚の統一が現象のうちへ入ってくるためには構想力の綜合が前提され、これによって数的同一性あるいは数的統一 die numerische Einheit である統覚が綜合的統一となるのである。ところで現象の綜合における必然的統一は構想力の先験的機能に属している。「故に一見奇異の観はあるが、しかもこれまで述べたところから明らかであるごとく、構想力のこの先験的機能によってのみ現象の親和すらが可能になり、これと共に聯合が可能になり、そして聯合によって最後に法則に従っての再生が可能になり、それ故に経験そのものが可能になるのである、なぜならこの機能がないとすれば諸対象の概念は決して融合して一つの経験をなすことはないであろうから。**」構想力の先験的機能はかくのごとく独自の根源的なものである。そうであるとすれば、これに対して純粋統覚は如何なる意味を有するであろうか。「この統覚は純粋構想力に、その機能を知性的ならしめるために、加わってこなければならぬものである。Diese Apperzeption ist es nun, welche zu der reinen Einbildungskraft hinzukommen muss, um ihre Funktion intellektuell zu machen.」とカントはいっている。構想力の綜合はそれ自身の根源的な綜合である、これに対して統覚が加わってくるのはその機能を知性的ならしめるためである。「けだしそれ自体においては構想力の綜合は、たとい先験的に行われるにせよ、多様をただそれが直観に現れるままに結合するのである故に、——例えば三角形の形——なおつねに感性的である。」それが感性的であるというのは構想力の綜合が直観的なものであり、形像 Bild, Gestalt, Bezeichnung に関わるということである、その綜合は第二版の言葉によると知性的綜合 synthesis intellectualis に対する形像的綜合 synthesis speciosa である。「多様が統覚の統一に対して有する関係によって概念が生じ得るであろう、概念は悟性に属するが、しかし構想力の媒介によってのみ概念は感性的直観に関して生じ得るのである。」既にいったように「構想力の綜合に関する統覚の統一が悟性であり」、感性的直観に関する概念は構想力の媒介によって初めて成立し得るのである。「かようにして我々はあらゆる認識に対して先験的に根柢に存するところの、人間の心の一根本能力 ein Grundvermögen として純粋構想力を有する。これに依って我々は一方直観の多様と他方純粋統覚の必然的統一の制約とを結合するのである。感性と悟性という両端は構想力のこの先験的機能を媒介として必然的に聯関しなければならぬ。Beide äusserste Enden, nämlich Sinnlichkeit und Verstand, müssen vermittelst dieser transzendentalen Funktion der Einbildungskraft notwendig zusammenhängen.」とカントはいっている。

＊　Vgl. K. d. r. V. A113, 114. なお人間学においては生産的構想力の感覚的想像力は、形成のそれ、聯合のそれ、親和のそれという風に区別されているが、ここでも親和（Verwandtschaft, affinitas）が構想力に属せしめられていることは注目すべきである。もっとも人間学における親和の概念と純粋理性批判におけるそれとが直ちに同じでないことは、以下の論述によって明らかになるであろう。

＊＊　K. d. r. V. A123.

右に述べたところからまずカントが構想力を独立の根源的な能力と考えたことは疑われないようである。その固有の根本的な機能は綜合である。統覚にしても、綜合に関する限り、構想力を前提しなければならぬ。もとよりこの綜合は知性的綜合でなく、構想力の機能が知性化されるためには統覚の統一が加わってこなければならないが、しかしそれは構想力の機能そのものに対してはむしろ第二次的な関係のことである。次にカントは構想力の綜合において感性と悟性とを媒介するという重要な職務を認めた。それは統覚と時間との媒介者である。構想力における綜合を媒介として、一方現象は統覚の統一に合致するものとなり、他方統覚の統一は現象の中へ入ってゆくのである。その際構想力は感性と悟性とを後から機械的に結び附けるというような仕方で働くのではなく、それによって初めて両者の綜合が可能になるというような仕方で働くのである。それは根源的に合一的であって、独自の能力として他の二者の統一を形成する、それはハイデッゲルの言葉に依ると die bildende Mitte(形成的中心)[31]である。構想力の綜合が賓辞的綜合でなくて真理的綜合であるのは、このように直観と思惟との統一に関わるためである。かような意味において構想力は「真理の論理」に対して根本的な関係を有している。ところで更にカントは、純粋理性批判の緒論並びに結論において、次のごとき注目すべき言葉を述べている。曰く、「人間の認識には二つの幹 zwei Stämme がある、それらは恐らく一つの共通の、しかし我々には知られない根から aus einer gemeinschaftlichen, aber uns unbekannten Wurzel 生じたもので、感性と悟性とである。前者によって我々に対象が与えられ、後者によってそれが思惟されるのである。*」曰く、「ここでは我々は我々の仕事の完成、即ち単に純粋理性からすべての認識の建築を設計するという仕事の完成をもって満足しよう、そして単に我々の認識力の一般的な根 die allgemeine Wurzel unserer Erkenntniskraft が分かれて二つの幹を出す処から出発しようと思う、その一つの幹が理性である、私がここで理性というのは全体の上級認識能力である、従って私は理性的なものを経験的なものに対立させることになる。**」ここに経験的なものというのが感性そのものであることは明らかである。これらの個所において、他の場合には認識の「源泉」と称せられたものが一つの共通の根から生ずる「幹」と見られている。そして前の個所においては「共通の根」は「恐らく」という言葉をもって記されているのに反し、後の個所においては「一般的な根」は存在するものとして記されている。もっとも二つの個所においてこの根は示唆されるに止まり、「我々には知られない」とさえいわれている。この感性と悟性との共通の根は構想力であると察すべきであろうか。ここに想起されるのは、人間学の中でカントが親和の構想力に関して述べている事柄である。***そこでは親和は「多様なものの一つの根基からの由来による結合」die Vereinigung aus der Abstammung des Mannigfaltigen von einem Grunde と定義される。[32]「構想力の戯れ das Spiel der Einbildungskraft はこの場合それに素材を与える感性の法則に従い、その聯合は、規則の意識なしにしかも規則に適って、かくて悟性から(aus)導来されたのではないとはいえ悟性に適って(gemäss)行われる。[33]」構想力の綜合が感性的であることは既に見てきたごとく純粋理性批判の中でも記されていた、しかしそれは単に感性的であるのでなく、悟性から出ていなくても悟性に適っており、意識的でなくても規則に適っており、かくて同時に知性的である。それは悟性に強要されてそうであるのではなく、おのずからそうであるのである、故に構想力の戯れといわれるのである。そしてこの場合カントは親和の概念を悟性と感性との間の関係へ持ち込んでいっている、「悟性と感性とは、種類を異にする Ungleichartigkeit にも拘らず、あたかも一が他から、あるいは両者が一つの幹から生じたかのように als wenn eine von der anderen, oder beide von einem gemeinschaftlichen Stamme ihren Ursprung hätten 我々の認識を作るためにおのずと親和する。もっともそのことはあり得ない、少なくとも、如何にして異種類のものが一つの同じ根から aus einer und derselben Wurzel

発生し得たかは、我々にとっては理解し得ないのである。(34)」これに対する註において更に彼は、「人間理性は、ここで系統 Abstamm を探究しようと企てるとき、否それを単に推量しようと企ててさえ、如何なる闇の中に迷うであろうか。(35)」といっている。「構想力は心の盲目な、しかし欠くべからざる機能であって、これなしには我々はおよそ如何なる認識をも有し得ないが、我々がこれを意識していることは非常に稀である。(36)」純粋理性批判の決定的に重要な個所即ち先験的演繹論においてカントはかくのごとき構想力の問題に直面した。そして構想力に対して感性と悟性との媒介者の地位が認められた。感性と悟性との構造及びその聯関は構想力の構造のうちに根拠を有している。後者は、前の二者がそれから分化して出てきたのではないかと考えられるほど、人間的認識の基礎附けにおいて根柢的な地位を有している。かくのごとき構想力の重要性を明らかにしたことはハイデッゲルのカント解釈の功績といわねばならぬ。

* K. d. r. V. A15, B29.

** Op. cit., A835, B863.

*** 本書〔第四章〕第八節（九一頁）参照。

しかしながら右のように構想力に根柢的な地位を認めることは、純粋理性批判の多くの個所において統覚に中心的な地位が与えられていることと矛盾しないであろうか。そこに立ち入って考察することを要する種々の問題がある。それは統覚と構想力とに関する単に形式的な「優位」の問題でなく、一層本質的な「構造」の問題である。

一、既に述べたごとく、カントは認識の三つの源泉として感覚、構想力、統覚を挙げたのであるが、しかし他の個所ではただ二つの源泉を考えている。「我々の認識は心の二つの根本源泉から生ずる、その第一は表象を受け取る能力(印象の受容性)であり、その第二はこの表象によって対象を認識する能力(概念の自発性)である」といい、更に鋭く「これら二つの認識源泉(感性と悟性)以外、我々は何ら他のものを有しない」といわれている。* しかしそれにしても、「それらが結合することによってのみ、認識は生じ得る」とすれば、感性と悟性とを媒介するものがなければならず、そしてそれがまさに構想力であるといい得るであろう。しかもその結合が後からのものでなく、かえってそれらを合一させるもの、この「綜合」がそれらをその聯関と統一において発生せしめると考えるならば、構想力はむしろそれらの源泉の根源、根源的統一と見られねばならぬであろう。しかしこの見解に対しては、感性と悟性とを結合するものは根源的統覚にほかならないという反対が起こり得る。そしてもしそうであるとすれば、根源的な源泉としての構想力は抹殺され、その意義は全く第二次的なものとならねばならぬであろう。

＊ K. d. r. V. A50, B74, A294, B350.

二、実際、第二版においては構想力の地位は著しく低められており、ほとんど抹殺されようとさえしている。曰く、「我々のあらゆる直観は感性的であるから、構想力は、そのもとにおいてそれのみが悟性概念にこれと対応する直観を与え得るところの主観的制約に関しては、感性に属している。しかしながらその綜合は限定的であって感覚のごとく単に被限定的でないところの自発性の実行であり、従って感覚をその形式に関して統覚の統一に適って先験的に限定し得るという限りにおいては、構想力は感性を先験的に限定する能力である。そして直観を範疇に適って綜合するその綜合は、構想力の先験的綜合でなければならぬ、これは感性に対する悟性の一つの所作 eine Wirkung des Verstandes auf die Sinnlichkeit であり、そして我々に可能な直観の対象に対する悟性の最初の(同時にあらゆる他の適用の基礎であるところの)適用である。＊」即ちここでは構想力が感性的であると同時に、単なる感性とは異なって自発的であることが認められているが、かかる自発的な綜合は実は悟性の感性に対する所作であると考えられる。それは直観の対象に対する悟性の適用である故に、統覚の統一もしくは範疇に適って(gemäss)いると考えられる、「構想力の先験的な働き(内官に対する悟性の綜合的な影響)」die transzendentale Handlung der Einbildungskraft (synthetischer Einfluss des Verstandes auf den inneren Sinn)といわれ、そして統覚は「一切の結合の源泉」der Quelle aller Verbindung と見られているのである[**]。ところで翻って人間学における先に挙げた個所を見ると、そこでも構想力は感性的であると共に悟性的である、受容的であると共に自発的である。その綜合は自発性に属し、その限り構想力は生産的と呼ばれることは、純粋理性批判第二版の右の個所にも記されている。しかるに人間学においては構想力の聯合は、規則の意識なしにしかも規則に適い、悟性から(aus)導来されたのではないとはいえ悟性に適い(gemäss)、構想力の「戯れ」Spiel と見られ、かようにして構想力はまさに本来的に感性的であると共に悟性的であり、かくのごとき構想力における感性と悟性との根源的な親和は、カントをして構想力が両者の共通の根であるのではないかとさえ考えしめたのである。そして彼は「構想力の独創性は、それが概念に一致する場合、天才と呼ばれる」Die Originalität der Einbildungskraft, wenn sie zu Begriffen zusammenstimmt, heisst

Genie. といっている。*** 構想力は本来天才的なものである、単に少数の天才にのみ属するというのではない、それは元来人間における天才的な能力なのである。

* Kritik d. r. V. B152.

** Op. cit., B154.

*** 本書〔第四章〕第八節（九〇頁）参照。

三、かようにしてカントにおける構想力の問題は二重の関係において見られなければならぬ。一方構想力は人間の心の一根本能力 ein Grundvermögen としてそれ自身の固有の機能を有している。カントも構想力のこの本来の働きを認めたことは既に述べたところから知られるであろう。ハイデッゲルの功績は主としてかくのごとき構想力の綜合の第一次的な姿を捉えようとした点にある。しかるに他方第二次的に構想力の綜合にはその反省された、知性化された姿がある。*「統覚は純粋構想力に、その機能を知性的ならしめるために、加わってこなければならぬものである。(37)」構想力の知性化は先験的統覚によって行われる。そのとき構想力はどこまでも先験的統覚の制約のもとに立っている。しかしながらまたそれがこのように知性化され得るというのは、それは本来単に感性的でなく同時に悟性的であるためでなければならぬともいい得るであろう。構想力の右のごとき二重の在り方は表裏の関係をなしており、純粋理性批判の第一版において統覚と構想力とのいわば兼合いが認められるのはそのためである。しかるに第二版においては構想力の綜合の本来の姿は隠れてその第二次的な姿が強く前面に現れている。これは何故に生じたことであろうか。ここに我々はカントの経験といったものが特定の規定を有するものであったことを想起しなければならぬ。即ちそれは法則的な自然科学における経験を意味したのである。それは対象的な経験であった。そして先験的統覚はまさにこのような「対象」Gegenstand の「相関者」Korrelatum と考えられた。「統覚の統一は一個の経験におけるあらゆる現象の必然的な合法則性の先験的根拠である。表象の多様に関するまさにこの統覚の統一は規則であってこの規則の能力は悟性である。」** かようにして対象的認識に関して統覚は悟性と同一視される。「統覚の綜合的統一は、それにあらゆる悟性使用が、全論理学すらが、従って先験哲学が、結び着けられねばならぬ最高点である、否この能力が悟性そのものなのである。」*** かくのごとき理路において構想力の先験的機能が一面的に悟性の立場から捉えられ、かくてその綜合が悟性の感性に対する所作と見られるに至ったことは自然であろう。そこでまたカントはヒュームに対する批評に関聯して、あの親和の原理も「悟性のうちにその座を有する」といっている****。カントは先験的統覚を„Radikalvermögen“と称した(A114)。悟性のラディカリズムは構想力をほとんど抹殺するまでに至った。かかるラディカリズムは悟性の立場において極めて自然のことである。しかしながら経験というものは法則的な自然科学の対象としての経験に限られないであろう。この限定された意味における経験の理論としては純粋理性批判の第二版は第一版よりもラディカルであるにしても、経験というものを更に広く、あるいは一層日常的な意味に、あるいは一層原本的な意味に解するならば、後に示すごとく構想力に対して一層根本的な意味が認められねばならないであろう。しかしまずいったい統覚と悟性とは同じであるであろうか。対象的認識に関する限りカントにおいて統覚と悟性とは同じに見られたということができる。もっとも他方カントにおいても統覚と悟性とは必ずしもつねに同じに見られているわけではない。そこに如何なる区別が考えられるかが、問題の第四の点である。「九」の終に我々がハイデッゲルのカント解釈に対して提出しておいた問題は、この統覚の他の可能な意味を見出し、それと構想力、従ってまた時間との関係を問題にすることによって初めて完全に答えられ得るであろう。そこで次に我々はこの問題を図式論の問題と関聯して論じなければならぬ。

* ハイデッゲルのカント解釈から出発してこのような区別を考えたものとして、脇坂光次氏の「「純粋理性批判」の存在論的解釈について」(『哲学研究』昭和六年二月)という注目すべき論文がある。
** K. d. r. V. A127.
*** Op. cit., B134, Anmerkung.
**** Op. cit., B794.

二

カントの図式論の問題は、純粋悟性概念あるいは範疇の現象への適用である。この問題はまずやや外面的に取り扱われている。それは伝統的な論理学における包摂Subsumtion の観念を導きの糸として論じられている。即ち範疇の現象への適用は、経験的従って感性的直観の純粋悟性概念のもとへの包摂の問題として提出される。ところで或る対象を概念のもとに包摂するに当たってはつねに前者の表象は後者と同種的でなければならぬ。しかるに経験的直観の純粋悟性概念のもとへの包摂という場合、一方は感性的、他方は知性的として、性質を異にしている。この場合如何にして包摂は可能であるか。カントはいう、「ここに一方では範疇と、他方では現象と同種的であって、前者の後者への適用を可能ならしめる或る第三のもの ein Drittes が存在しなければならぬことは明瞭である。この媒介的表象は純粋(全然経験的なものを含まない)で、しかも一面知性的で、他面感性的でなければならぬ。かくのごときものが先験的図式 die transzendentale Schema なのである。(38)」ところで先験的な時間規定は、普遍で、先天的規則に基づく限りにおいて、範疇と同種的である。しかし時間は他方、多様なもののあらゆる経験的表象のうちに含まれている限りにおいて、現象と同種的である。かくして範疇の現象への適用は、悟性概念の図式として、後者の前者のもとへの包摂を媒介するところの先験的な時間規定によって可能であるであろう。しかるにかような図式時間 Schema-Zeit は生産的構想力の産物である。従って悟性と感性とは構想力を媒介として結び附くといい得るであろう。

この図式論の意味を明らかにするために、図式とは如何なるものであるかが明らかにされねばならぬ。「図式はそれ自体つねにただ構想力の産物である。けれども構想力の綜合が目差すところは、個々の直観ではなく、感性の規定における統一のみであるから、図式 Schema と形像 Bild とは区別されねばならぬ。[39]」構想力 Einbildungskraft は形像に関わるであろう。図式も σχῆμα = Gestalt, Form を意味し、形像と考えられるであろう。形像と図式とは如何に区別され、如何に関係するであろうか。形像は物の形あるいは姿(εἶδος ἰδέα)である。いま私が一匹の犬を見るとき、この犬の形が形像である、それはこのそこにあるものの姿である。このそこにあるものは一匹の犬であるが、その形像はこのそこにあるものであることをやめることなしに、単にこの一匹の犬でなく同時にかかるもののひとつの多様性がそこに見られることを妨げない。言い換えると、この知覚された犬は、如何に犬は一般に見えるかを示している、従って我々が犬の概念において表象するところのものを示しているのであって、そこに概念の感性化があるということができる。もとよりその犬自身はその一定の姿をもっている。しかしそれは同時に、犬であるためには、必ずしもその犬が見える通りに見えねばならぬわけではないものとして示されている。それは我々にただおよそ如何に犬が見え得るかを示しているのである。即ちそれは犬の可能な姿の範囲を、一層厳密にいうと、或るものが犬に相応する姿を現し得るためには、一般に如何に見えねばならぬかを規制する regeln ところのものを示しているのである。この規則の表象が図式である。カントはいっている、「犬の概念は私の構想力がそれに従って或る四足獣の形を一般的に描き出すことのできる規則を意味する、その際経験が私に提供する或る唯一特殊な形、あるいはまた私が具体的に現し得る個々の可能な形像に制限されることはないのである。*」概念というものはこのように規制する規則の統一の表象を超える何物でもないのである。論理学において概念と呼ばれるものは図式のうちに基礎附けられている。そこでカントは右に引いた文のすぐ前に次のごとく書いている。「経験の対象あるいはその形像は経験的概念と合致することができぬ、かえってこの概念はつねに直接に、或る一般概念に従って我々の直観を限定する規則としての、構想力の図式に関係する。」概念はつねに直接に構想力の図式に関係するというカントの思想は、概念の成立についての論理的問題に対する極めて卓抜な見解である。概念は抽象によって作られるという普通の見解がアポリアに陥らねばならぬことは、ジクワルト〔ジークヴァルト〕のごとき論理学者によっても指摘されているが、**概念は構想力の図式のうちに基礎附けられるというカントの見解は、このアポリアに対するみごとな解決と見られ得るであろう。経験的感性的概念について言われることは純粋感性的概念についても言われ得る。この場合にも形像と図式とは区別されねばならぬ。例えば私が五つの点を順次に打つとすると、それは五という数の形像である。これに反して私が単に数一般——五でも百でもあり得るところの——を思惟する場合、この思惟はむしろ、一定の概念に従って一つの集合量(例えば千)を形像において表象する方法の表象 die Vorstellung einer Methode であって、この形像そのものではない、形像は千というような数の場合にはこれを見渡し、概念と比較することは容易にできぬであろう。「そこでかくのごとく概念にその形像を賦与する構想力の一般的操作の表象 diese Vorstellung von einem allgemeinen Verfahren der Einbildungskraft を、私はこの概念に対する図式と名附ける。[40]」しかし概念がまずあって、構想力が次にこれを形像化するというのではない。むしろ概念の根柢に構想力の図式があるのである。概念は形像から例えば抽象によって作られるのでなく、図式のうちに基礎附けられている。形像から概念を抽象してくるということもこれによって可能である。「実際、我々の純粋感性的概念の根柢に存する zum Grunde liegen ものは、対象の形像ではなくて図式である。」三角形一般の概念と三角形の形像とは決して十全に合致せぬであろう。なぜなら三角形の概念は、直角であると斜角であるとを問わず、すべての三角形に妥当する普遍性をもっているが、形像はかような普遍性に達することは不可能であって、つねにこの範囲の一部に制限されているであろうから。「三角形の図式は決して思考の外に存在することができぬ、そして空間における純粋な形に関して、構想力の綜合の規則 eine Regel der Synthesis der Einbildungskraft を意味している。」概念の根柢には図式があり、このものにおいて概念は感性化されているのであって、概念はむしろこのものから抽象によって作られたものである。図式性こそ根源的な概念構成そのものである。「現象とその単なる形式とに関する我々の悟性のこの図式性は、人間の心の深みにおける隠れた術 eine verborgene Kunst in den Tiefen der menschlichen Seele である、その真のこつを我々が自然から学び得て、これを赤裸々に示すということは容易ではないであろう。」とカントはいっている。*** この注目すべき言葉は、我々が前節に挙げた構想力の驚歎すべき性質に関する他の個所におけるカントの言葉と一致している。これによって彼が構想力に根源的な機能を認めていたことは明瞭であろう。

* Kritik der reinen Vernunft, B180.

** Vgl. Sigwart, Logik, I, 4te Aufl., SS. 334, 335.〔クリストフ・ジークヴァルト『論理学』第一巻、第四版〕

＊＊＊　K. d. r. V. B180.

カントにとって構想力はもと感性と悟性とを綜合するものであった。それは純粋理性批判においてまさに感性と悟性との綜合が問題になった所に現れている。この綜合は構想力が感性と悟性との秘められた共同の根源と看做されたほど根源的なものである。しかし構想力にかような根源性を認めるということは、他の場合におけるカントの陳述と矛盾しはしないであろうか。即ち既に引用した個所A124において彼はいう、「それ自体においては構想力の綜合は、たといア・プリオリに行われるにせよ、多様をただそれが直観に現れる erscheint ままに結合するのである故に、――例えば三角形の形 Gestalt――なおつねに感性的である。」しかしかように構想力が感性的であるということは、それが単に感性的であるということを意味しないであろう。むしろ構想力は一面どこまでも感性的でなければならぬ。そうでないと、それは悟性と感性とを綜合するものであることができず、従って範疇の現象への適用を可能ならしめることもできぬ。構想力は直観的である限りにおいて感性に属している。しかしその綜合が自発的である限りにおいて構想力はむしろ悟性的である。それ故に再び引用B151すればカントはいう、「我々のあらゆる直観は感性的であるから、構想力は、そのもとにおいて、それのみが悟性概念にこれと対応する直観を与え得るところの主観的制約に関しては、感性に属している。しかしながらその綜合は、限定的であって感能のごとく単に被限定的でないところの自発性の実行であり、従って感能をその形式に関して統覚の統一に適ってア・プリオリに限定し得る、という限りにおいては、構想力は感性をア・プリオリに限定する能力である、そして直観を範疇に適って綜合するその綜合は、構想力の先験的綜合でなければならぬ、これは感性に対する悟性の一つの所作であり、そして我々に可能な直観の対象に対する悟性の最初の(同時にあらゆる他の適用の基礎であるところの)適用である。」即ち構想力は、一方「感性に属する」と見られるほど感性的であるが、他方「悟性の感性に対する一つの所作」と見られるほど悟性的であるといい得るであろう。もっともこの個所では、既に述べたごとく、構想力は単に感性に属せしめられ、構想力の先験的綜合は実は感性に対する悟性の一つの所作と見られることによって、構想力の根源性が否定されていると解釈することができる。そこに我々は悟性のラディカリズム(41)を考えた。そしてこの場合、「統覚の統一に適って」der Einheit der Apperzeption gemäss と「範疇に適って」den Kategorien gemäss とが同じ意味に用いられ、かくして統覚と悟性とが同一に見られているということは、前節に論じたことと関係して注目すべきであろう。しかし我々は既にカントにおいて構想力の独自の根源が認められていることについて述べてきた。構想力の綜合が範疇に適っているというのは、構想力の独自の機能にもとづいておのずからそうなのであって、悟性に強要されてそうであるのではない。即ち人間学の中でカントがいっているように、構想力の戯れは、悟性から(aus)出ていなくても悟性に適って(gemäss)おり、従って知性的である。構想力はもともと感性的・悟性的である。そのことは図式において明瞭に認められるであろう。カントは「人間の心の深みにおける隠れた術」について語った後、続けて書いている、「ただ次のことだけは言われ得る、――形像は生産的構想力の経験的能力の所産である、感性的概念(空間における図形としての)の図式はア・プリオリの純粋構想力の所産であり、いわばそれに依りそれに従って初めて形像が可能になるところの略図である、形像はただつねにそれが描き出す bezeichnen ところの図式によって概念と結合されねばならないのであって、それ自身は概念と完全に合致するものではない。[42]」単に形像に関わるものとしては構想力は感性的である、しかし形像そのものも図式に依り図式に従って可能であるのである。そして形像が概念と結び附けられるのはその根柢にある図式を媒介とするのである。カントは更に続けて書いている、「これに反して純粋悟性概念の図式は何ら形像にもたらされ得ぬ或るもの etwas, was in gar kein Bild gebracht werden kann. である、それは単に範疇によって表される概念一般に従うところの統一の規則に適う純粋綜合であって、構想力の先験的所産である、そしてこれは諸表象が統覚の統一に適ってア・プリオリに一つの概念において相聯関すべき限りにおいて、あらゆる表象に関する時間という内官の形式の制約のもとに内官の規定一般に関係するものである。(43)」かくて純粋悟性概念、即ち犬というごとき経験的感性的概念あるいは三角形というごとき純粋感性的概念とも異なる純粋悟性概念の図式は時間である。この図式は、それが「何ら形像にもたらされ得ない或るもの」であるという点において、他の図式とは異なっている。そこに図式・時間のすぐれた悟性的性格があるといえるであろう。あるいはむしろ、時間が一般に形像にもたらされ得ない或るものであるのではなく、カントのいう時間即ち純粋悟性概念の図式としての時間、従って対象的認識に関わる時間の特性がそこにあると考えられねばならぬであろう。しかし図式を形成する構想力の作用はカントによると「概念にその形像を賦与する」einem Begriff sein Bild verschaffen にある。従って図式・時間には形像がないという場合、その形像が特定の意味のものでなければならぬことは明瞭である。即ち図式・時間にとって一般に形像がないというのではなく、ただそれは経験的に直観され得るものの範囲から取って来られないものであるということを意味している。その形像は純粋直観において与えられるものであり、かようなものとしてそれは「純粋形像」das reine Bild と呼ばれるのである。「感能一般のあらゆる対象の純粋形像は時間である。」とカントはいっている。* 同じ言葉は彼が悟性概念 Notion を規定した場合に見出される。即ちいう、「純粋概念は専ら悟性にその根源を有する限りでは(感性の純粋形像においてではなく nicht im reinen Bilde der Sinnlichkeit)悟性概念(notio)と呼ばれる。**」時間は「純粋形像」として図式・形像 Schema-Bild であり、単に純粋悟性概念に対立する直観形式に過ぎぬ或るものではない。悟性概念の図式はそれ故に固有の性格を有し、かくして構想力に独自の機能が認められることは明らかである。ところで一般に概念は図式のうちに基礎附けられているように、「根源概念」Urbegriffe であるところの範疇は図式・時間のうちに基礎附けられている。かくしてハイデッゲルのいうように、「先験的図式論は根源的な、本来的な概念構成一般である」ということもできるであろう。***

* Kritik der reinen Vernunft, B182.

＊＊　Op. cit., B377.

＊＊＊　Vgl. Martin Heidegger, Kant und das Problem der Metaphysik, S. 104.

一二

しかるにここに一つ注目すべきことは、純粋理性批判における図式論が「判断力の先験的理説」と称する篇の中におかれているということである。そこからカントの図式論はもと判断力に関わるものであって、構想力に関わるものではないという説が出てくる。かくして構想力の独自性と根源性とが否定されるに至るのである。カントの図式論は如何にして判断力のもとに持ち来たされたのであるか。いったい構想力と判断力とは如何なる関係にあるのであろうか。

先験的図式論においてカントが構想力に本来的な機能を認めることによって悟性と感性との綜合の問題を考えているということは、右に論じたところから明瞭であると思う。しかるに既に触れたごとく、カントは同時に図式論の問題を包摂 Subsumtion

の問題として取り扱っている。そこから図式論と判断力とが結び附けられた。なぜなら判断力 Urteilskraft というのは、カントによると、「規則のもとに包摂する能力 das Vermögen, unter Regeln zu subsumieren 即ち或るものが与えられた規則のもとに属するか否かを弁別する能力」である。かようにしてカントはそもそも綜合が問題であるところにおいてこれを包摂の問題として提出し、綜合の原理である構想力は前面から退いて判断力が現れた。詳しく言うと、悟性と感性との綜合の問題は、「如何にして純粋悟性概念のもとへの経験的(のみならず一般的感性的)直観の包摂、従って現象への範疇の適用 Anwendung は可能であるか」(44) という問題に置き換えられ、図式論は判断力による包摂の関係として論じられた。綜合の問題は包摂の問題として形式化され、概念化され、従ってまた外面化された。この場合、純粋悟性概念あるいは範疇は既に与えられたものとして前提され、その現象への適用、あるいは経験的直観がこの「与えられた規則のもとに(casus datae legis)属するか否か」を弁別することが問題であった。ところでカントは、対象を概念のもとに包摂するに当たってはつねに前者の表象は後者と同種的 gleichartig でなければならぬとし、従って現象が範疇のもとに包摂されるためには、一面には知性的で他面には感性的であるような或る第三のものの媒介が必要であると考え、先験的図式はかくのごとき性質を有する第三のものであるとした。しかるにかように包摂の関係において考えられる限り、先験的図式はたとい或る種の媒介綜合をなし得るとしても、それはハイデッゲルの言葉を用いると第二次的な賓辞的綜合 die prädikative Synthesis として働くに止まり、本来的な綜合即ち真理的綜合 die veritative Synthesis として働くものとはいい得ないであろう。

かくのごとき先験的図式論の形式化、概念化ないし外面化は如何にして生じたであろうか。この問題はカントが範疇を判断表から導いてきたという手続きの外面性にまで溯って考えることができるであろう。かくして範疇は「与えられた規則」として前提され、純粋理性批判の最も根本的な問題を論じた純粋悟性概念の先験的演繹論においてさえ、範疇の演繹の問題は範疇の現象への適用というごとき外面的な定式において現れている。それにも拘らず我々はそこで綜合の問題が構想力に関係して根源的に取り扱われているのを見てきた。ハイネマンの言葉を転用すると、「先験的演繹論は二つの反対の傾向のまことの闘争場である」ということもできるであろう。* そして構想力の問題が前面から推し退けられたのは既に述べたごとく悟性のラディカリズムに基づくのであって、それはまたカントの問題としたのが対象的な経験であったということ、その経験というものが法則的な自然科学の対象としての経験であったということにも関係があるであろう。その場合先験的統覚と悟性とが同一視されたということも、既に記しておいた通りである。先験的図式論が判断力による包摂の関係として取り扱われたということは、右のごとき外面化、概念化、形式化とつながっていると解することができるであろう。悟性と感性との関係は本来綜合の問題であって、単なる包摂の問題ではない。綜合の問題はそのような判断力よりもむしろ統覚と関係すると考えるのが一層適切であろう。実際、カントは一方、対象的認識の問題を論ずる純粋理性批判の立場に関して、統覚を悟性と同一視しているが、他方両者を区別しているように思われる。即ち一方では「この能力(統覚の綜合的統一の能力)が悟性そのものである」といわれていると共に、他方では「悟性の可能性でさえ意識の統一に基づく」といわれている**。悟性と統覚とは同一でなく、悟性は先験的統覚の対象的論理的側面を現すに止まるものというべきであろう。統覚は単に悟性的なものではない。むしろそれは悟性的なものと感性的なものとを総括する全体的なものであると考えることができる。事実、カントは「一切包括的な純粋統覚」eine allbefassende reine Apperzeption とも、あるいはまた「全可能的自覚」das ganze mögliche Selbstbewusstsein ともいっている***。かように考える場合、統覚はカントのいうように綜合的統一として構想力の綜合を「前提」するに止まらず、かえってこれを自己のうちに保持するものであり、あるいはむしろ統覚はその根源的な形態において構想力であると見られないであろうか。かくして我々はフンボルトのいうごとき意味における「構想力」の思想に達することができる。この場合構想力は芸術的統覚 die künstlerische Apperzeption にほかならない。それはもとより単に感性的なものでなく、むしろイデー的あるいは理性的なものであるが、そのイデーあるいは理性は決して抽象的なものではない。フンボルトに依ると、イデーは全体性あるいは「一切の関係の根源点」der Wurzelpunkt aller Relationen であり、諸関係をその根源的な統一性において結合することはただ構想力にのみ許されている。かように解する場合、図式というものもフンボルトの考えたような根本理念 Grundidee の歴史における発現としての理念的形態 die idealischen Formen のごときものとならねばならぬであろう。それは歴史的世界形成における図式とならねばならぬであろう。もとよりカントはかくのごとく考えたのではない。しかしカントのうちに既に何らかかくのごとき思想は準備されていなかったであろうか。ここにおいて我々はフンボルトを初め後のドイツ哲学に最も深い影響を与えたカントの著作、判断力批判を顧みなければならぬ。

* Fritz Heinemann, Der Aufbau von Kants Kritik der reinen Vernunft und das Problem der Zeit, 1913, S. 23.〔フリッツ・ハイネマン『カントの『純粋理性批判』の構造と時間の問題』〕

** K. d. r. V. B134 Anmerkung, B137.

*** Op. cit., A123, A113.

純粋理性批判における図式論が判断力の問題として取り扱われたということは、一方既にいったように問題を外面化したものであると共に、他方判断力と構想力との密接な関係を暗示しているものとして見る場合興味が深い。カントの第三批判書は実に「判断力批判」と称せられたのであるが、これはカッシレル〔カッシーラー〕によるとバウムガルテン及びその弟子マイエル並びにテテンス等のいう「構想力の論理」あるいは「想像の論理」につながるものである。* 第一批判書において図式論として現れた判断力の批判ないし構想力の論理は第三批判書において深化されたものと見ることもできるであろう。まず判断力は第一批判書においては「規則のもとに包摂する能力」として規定された。同様の定義は第三批判書においても見出される。即ちそれは「特殊を普遍のもとに含まれるものとして思惟する能力」と定義され、あるいは「概念のもとへ経験的直観を包摂する」能力ともいわれている。** 更にカントは次のごとく書いている、「対象の概念が与えられている場合、その概念を認識のために使用することにおいての判断力の仕事は表出 Darstellung (exhibitio) 即ち概念に対してこれに対応する直観を配慮することである。***」かように見られた判断力の仕事は、かの第一批判書にいう「概念にその形像を賦与する構想力の一般的操作」と合致しないであろうか。この „Darstellung (exhibitio)“ というものはかの個所で „bezeichnen“ といわれたものであり、また人間学においては生産的構想力は対象の exhibitio originaria (根源的表出)の、再生的構想力は対象の exhibitio derivativa (派生的表出)の能力であると語られている。実際、第三批判書においても右に引用した文にすぐ続いて次のごとく記されている、「そしてこれに、芸術においてのごとく、対象について我々があらかじめ抱いている概念を我々にとっての目的として実現する場合においては、我々自身の構想力によって行われることもあり、あるいは(有機体の場合におけるごとく)目的についての我々の概念を自然の産物に対する判定の根柢に置いてみる場合においては、自然の技術において、自然そのものによって行われることもある。」かくして判断力と構想力との関係は明らかである。カントは判断力は「構想力を悟性に適合させる能力」であるともいっている。しかし人間学において述べられたごとく構想力はその本来の自由において悟性に適合しているものであり、そこに構想力のいわば天才性があるのであって、第三批判書における天才の概念もやがて論ずるごとくかかる見方に一致している。かくて判断力は構想力と同一である——この場合構想力は内に悟性的なものを含むことによってフンボルトの考えたような芸術的統覚のごときものとなるであろう——か、あるいは構想力の根源的な機能に対する論理的反省的側面である——この場合判断力は構想力を悟性に適合させる能力、あるいは第一批判書にいう規則のもとに包摂する能力であろう——かである。ところで右に引用した個所において既に見られるごとく、芸術における構想力に自然の技術 die Technik der Natur が対応させられる。カントにおける「自然の技術」という思想はシャフツベリに由来することからも察せられるように、構想力と密接に関係している。すべて技術の根柢には構想力が考えられねばならぬ。構想力は技術的なものである。純粋理性批判ではシェマティスムス〔図式論〕は「人間の心の深みにおける隠れた術(Kunst)」といわれている。構想力は人間の心の深みにおいて働くのみでなく、自然の内奥においても働く。芸術と技術との間には密接な関係がある。自然の技術は純粋理性批判において論ぜられたような法則的な自然、自然科学における抽象的な自然でなく、具体的な自然即ち自然の形に関わるのである。

* E. Cassirer, Die Begriffsform im mythischen Denken, Studien der Bibliothek Warburg, 1922, S. 6.〔エルンスト・カッシーラー『神話的思惟における概念形式』、『ヴァールブルク図書館研究』〕
** Kritik der Urteilskraft, XXV, 349.〔『判断力批判』〕
*** Op. cit., XLIX.

　ところで第三批判書の問題は目的論の問題である。それは美的目的論と自然の目的論とに関係している。かの先験的図式論において悟性と直観との単なる包摂の関係にかかわるものとして形式的外面的に見られた判断力の問題は、ここでは悟性と直観あるいは普遍と特殊との間における目的論的 teleologisch な関係として内面的に見られている。翻って考えると、純粋理性批判における直観と悟性との関係もシェマティスムスの Kunst にかかわるものとして何らか目的論的なものと見られないであろうか。この書においてカントは純粋理性の建築術 Architektonik について語っている。建築術というのは「体系の術」die Kunst der Systeme であり、これによって我々の知識は学問性を得るのである。* 体系というのは「一個の理念のもとにおける多様な認識の統一」であり、理念というのは「全体者 ein Ganzes という形式の理性概念」である。この概念によって多様の範囲、その部分相互の位置がア・プリオリに限定される。従って学的理性概念は目的及びこの目的と合致する全体者という形式を含んでいる。体系の術は目的論的であるということができる。そして更にカントは「理念はこれを実現するために図式 Schema を要する、即ち目的の原理によって、ア・プリオリに限定されているところの部分の本質的な多様性と秩序とが必要である。(45)」と述べている。この場合彼は「技術的統一」die technische Einheit と「建築術的統一」die architektonische Einheit とを区別し、「図式には理念に従ってでなく、即ち理性の主目的からではなくて、偶然的に提示される(従ってその数があらかじめ知ることのできぬ)意図に従って経験的に設定されるものと、理念に従ってのみ発現するもの(この場合理性が目的をア・プリオリに課して、それを経験から期待しない)とがある(46)」といい、前者は技術的統一を与え、後者は建築術的統一を確立する、と述べている。もとより一般に技術というものが単に経験的なものであるのでないことは、後に論ずるごとく第三批判書における芸術及び自然の技術の思想から明らかである。理性の建築術もそれ自身一つの技術と見られることができる。その場合図式が必要であると考えられたということは、この技術の根柢にも構想力がなければならぬことを示すものといえるであろう。カントは認識の体系的統一に関して目的論を考えたが、目的論は更に広くまた深く我々の認識あるいは経験のうちに含まれていると考えることができる。いまこの問題に立ち入るに先立って、我々は第三批判書の問題を構想力の論理に関係して一層詳しく検討しなければならぬ。

* Vgl. Kritik der reinen Vernunft, B860ff.

一三

第三批判書即ち判断力批判を構想力の論理に関係して理解するためには、まずそれがカントの批判哲学の体系において如何なる地位を占めるかを明らかにしなければならぬ。この問題は従来しばしば論じられてきたが、その解釈は一面的あるいは形式的であって、歴史的にも理論的にも不十分であった。＊判断力批判はまず何よりも美学Aesthetikであり、しかもそれは趣味Geschmackの論として取り扱われている。かような問題提出は十八世紀的・近代的である。ギリシアや中世にも芸術学や技術論の端緒、美の心理学や形而上学の企図はあったが、近代的な意味における美学は存在しなかった。近代美学は趣味論として規定されることによって在来のものから区別される。そこに前提されるのは特殊的に美的な主観das spezifisch aesthetische Subjektである。美的主観の問題の発端はルネサンスにある。ルネサンスは「人間」を発見したといわれるが、そこに現れた人間は何よりも芸術家、最も自由な個性、天才であった。ルネサンスにおいてかように体験されたものは、十八世紀において自覚にもたらされた。美的主観の問題は、享受の面からは趣味の問題として、製作の面からは天才の問題として論じられた。当時のかような問題がカントにおいても美学の中心になっている。美的主観はつねに生ける個人的な具体的な人間である。科学、特に法則的自然科学の主観として人間はもはや生ける個人的な具体的な人間でなく、抽象的な理論的本質と考えられる。カントの純粋理性批判における「意識一般」はあたかもかかるものであった。倫理学は人間をその全き具体性において捉えているように見える、しかも倫理学は個性を解消せしめる規範を前面に持ち出し、無制約的な法則のために具体的な人間を喪失する危険を有している。カントの実践理性批判における人格の概念はまさにこの危険を示している。しかるに美的主観はそのような抽象も曖昧も許さない。美的領域においては人間は人間として、言い換えると、その個性、生命性、具体性において認められねばならぬ。カントの趣味論及び天才論の根柢にある美的主観はかくのごとき具体的な主観である。批判哲学の本質が第一批判書のいわゆるコペルニクス的転廻によって明らかにされた主観の哲学に存するとすれば、主観の問題を最も具体的な姿において取り上げたもしくは取り上げねばならなかった第三批判書は批判哲学の頂点をなすと見られ得るであろう。この書においてカントは美の問題と共に自然の問題を論じたが、その自然はもはや純粋理性批判におけるごとき一般的法則に還元された自然ではなく、具体的な形における自然、特に生ける自然即ち有機体であった。生ける個人的な具体的な主観は歴史的人間一般である。従ってカントが判断力批判の終において歴史的合目的性の問題を論じ、一つの歴史哲学を述べているのも当然であると考え得るであろう。

＊　十八世紀の精神史、特に美学史との関聯においてカントの判断力批判の成立を取り扱った

A. Baeumler, Kants Kritik der Urteilskraft, Ihre Geschichte und Systematik, Erster Band, 1923.〔アルフレド・ボイムラー『カントの『判断力批判』、その歴史と体系性』第一巻〕は、この書の歴史的意義を詳細に示していて興味ある文献である。

次にカント哲学の特色は批判に存するが、「批判」Kritik という言葉は精神史的に見ると、もと同時代において趣味の批判という意味で一般的に使われたものであって、カントの用語はそれから転用されたものである。純粋理性批判第一版の序文における、「我々の時代は本来批判の時代である」(47) というカントの言葉は、かような事情を語っているであろう。批判の問題は趣味の問題と同時に生まれたものであり、趣味は批判の本来的な領域であるということができる。批判は主観の独立性と自由とを前提する。趣味はその客観的表現が批判であるところの事態の主観的表現である。客観的な標準が認められる限り、批判は存しない。しかしまた個々の経験が最後の基準と見られる限り、批判は存しない。規則が妥当するところではいまだ批判の要はなく、経験のみが尊重されるところでは最早や批判の要はない。かような関係は美の領域において容易に理解されるであろう。規範の意味における美的概念が存在する場合、趣味も批判も必要でなく、ただ規則の単なる適用が必要であるばかりである。反対に各人の趣味が絶対的に妥当する場合、あらゆる客観性は失われて、ただ経験が支配し、美学はもはや哲学的学科ではなく、せいぜい統計になってしまう。言い換えると、美的なものに対する個人的な反応が、経験として、最後の審判者と認められる場合にのみ、批判的な判定を必要とする争いが存在し得る。しかし同時に経験が唯一の審判者として妥当しない場合にのみ、この争いの判定は考えられ得る。この判定は、単に合理的であることなしに、しかし客観性を有しなければならぬ。かようにして趣味の問題は客観的に認識する新しい方法を指示すべき筈である。*もしも規則と概念のみで足りるならば、美の「理説」Doktrin が存在して、趣味の「批判」は存在しないであろう。一方では客観的な理説と、他方ではあらゆる主観的に与えられたものを無条件に認める経験主義との対立、即ち合理論と経験論との対立を克服することはカントの一生の事業であった。美的批判の問題は批判の問題一般の原型であるといってもよいであろう。美的批判は、原理をおよそ抛擲《ほうてき》することなしに規則の独断論に反対する方法の、単に経験的であることなしに経験の権利を認める方法の、典型である。あらゆる批判の本質は、概念と経験との間に、普遍的なものと特殊的なものとの間に、客観的なものと主観的なものとの間に、合理的なものと非合理的なものとの間に、存在している。批判的認識は具体的なものを目差すのである。

＊ ドイツ語の Erkenntnis という語は裁判官の判定という意味を含んでいる(Vgl. H. Cohen, Logik der reinen Erkenntnis, S. 1.〔ヘルマン・コーヘン『純粋認識の論理学』〕)。カントにおいて erkennen という語はかような裁判官的な副意味即ち entscheiden, urteilen の意味をつねに伴っているといわれる(A. Baeumler, Op. cit., S. 7)。

かようにして純粋理性批判と判断力批判との連続的な内面的な関係が理解される。後者における趣味の批判は、前者における経験の批判である。美において直観的なものが重要であるごとく、経験においては感覚とか直観とかいうものを欠くことができぬ。そこで純粋理性批判の解釈において、先験的分析論を強調することによって、ともすれば消去されようとした先験的感覚論の意味が認められねばならぬ。その際Aesthetik(感覚論)という語が示しているごとく、先験的感覚論によって純粋理性批判は十八世紀の精神史、特にライプニッツ・ウォルフ学派、バウムガルテンやマイエルの美学につながると見ることができるであろう。もとより、趣味判断にしても単に直観に拠り得ぬごとく、経験においては単に直観でなく、直観と悟性との綜合が問題である。かようにして純粋理性批判の問題は先験的演繹論に、そして先験的図式論に発展し、構想力や判断力が問題にされることになった。しかるにこれは第三批判書の問題である。またシュタットレル〔シュタットラー〕が論じたごとく、目的論に関して、判断力批判における反省的判断力の仮説は純粋理性批判における第三先験的理念 die dritte transzendentale Idee と同一であると解することができるであろう。* そしてかくして更に、純粋理性批判における先験的弁証論附録 Anhang zur transzendentalen Dialektik も判断力批判の問題と関係附けられることができるであろう。一般的にいって、純粋理性批判における体系的主要傾向を「科学」即ち数学的自然科学におくという偏向を去って、より具体的に「経験」即ち生ける人間の具体的な経験の方向に求める場合、これと第三批判書との連続的な内面的な関係が明瞭に認められるであろう。先験的演繹論において決定的に重要な役割を演じるように見えた構想力は意識一般という抽象的な主観が前面に現れると共に背後に退き、また同じ関係において先験的図式論においてはこれと根源的な関係を有すべき構想力の問題がそれ自身外面的形式的に見られた判断力の問題に置き換えられたということは、右に論じてきたところである。しかるに現実の経験の主体は、美的主観がそう考えられねばならぬように、生ける個人的な具体的な主観である。そして芸術というものもデューイ(J. Dewey, Art as experience, 1934.）のいうごとくひとつの経験と考えることもできるであろう。「先験的感覚論、演繹論並びに弁証論は、法則のもとにおける物の存在としての抽象的な『自然』の世界像以上の遥かに多くのものを基礎附ける。しかるにこのより以上のものは第三批判において初めて明瞭な表現に達するのである。[48]」とボイムレル〔ボイムラー〕は言っている。ところで純粋理性批判の頂点をなす先験的演繹論を右に論じたごとく構想力の論理と解することができるとすれば、第三批判書の問題はすべて構想力の論理の立場において解釈することができ、そしてこの書の終における歴史的合目的性の問題は第一批判書における経験の問題の最も具体的な解決の鍵を与えるものと考えることができるであろう。

＊ A. Stadler, Kants Teleologie, Neuausgabe 1912.〔アウグスト・シュタットラー『カントの目的論』新版〕

さて趣味判断の問題はカントにおいて判断力の問題として捉えられた。判断力は「特殊的なものの〔も〕とに含まれるものとして思惟する能力」と定義され、そしてそれはまた「概念のもとへ経験的直観を包摂する能力」とも、「普遍的なもののもとへの特殊的なものの包摂の能力」ともいわれている。かように判断力を包摂 Subsumtion の能力と見ることは、第一批判書における判断力の定義即ち「規則のもとに包摂する能力」という定義に一致している。そしてそのことは一般に判断の本質を包摂関係において見る論理学の伝統に合致するであろう。いまカントに依ると判断力において限定的判断力と反省的判断力とが区別される。「普遍的なもの(規則、原理、法則)が与えられている場合、特殊的なものをそのもとに包摂する判断力は限定的である。しかるに単に特殊的なものが与えられ、これに対して判断力が普遍的なものを見出すべき場合、判断力は反省的である。」(49)ところでかように区別されるとき、限定的判断力の作用は包摂的と考えられるにしても、反省的判断力の作用は如何にして包摂的と言い得るであろうか。包摂というとき、普遍的なもの、概念、規則はつねに既に与えられていなければならないのではなかろうか。前に述べたごとく、純粋理性批判における先験的図式論の問題が包摂の問題として、詳しく言うと「純粋悟性のもとへの経験的直観の包摂」の問題として見られたとき、直観と悟性の綜合という先験的演繹論における本来の問題は失われて、純粋悟性概念あるいは範疇は既に与えられたものとして前提され、単にそれの現象への「適用」が問題となり、形式化され抽象化されてしまった。同時にそこに、合理論と経験論とを綜合すべき筈の批判が合理論への偏向に陥る危険があったのである。反省的判断力は包摂的に働くのであろうか。美的判断はカントに依ると反省的であるが、それは如何にして包摂的であろうか。それが何らか包摂的であるにしても、その場合判断力はもはや根源的でなく、或る根源的な作用についての反省という意味において、第二次的な意味において反省的であるのではなかろうか。もしそうであるとすれば根源的な判断力とは如何なるものであろうか。趣味判断は概念とか規則とかを前提することができぬ、とはカントのしばしば論ずるところである。かかる判断において関係附けられるものは元来如何なるものであろうか。カントは判断力は「構想力を悟性に適合させる能力」であるともいっているが、その意味は悟性の概念がまずあって、構想力をこれに適合させるということではあり得ない。彼に依ると美は快の感情であるが、それは「構想力と悟性の自由な戯れ das freie Spiel」において生ずるものであり、自由な戯れというのは如何なる特定の概念もそれらを特殊の認識規則に束縛しないという意味である。その際構想力と悟性の関係は「相互的合致」wechselseitige Zusammenstimmung とも「調和」Harmonie ともいわれている。趣味判断は特定の概念を前提しない故に、この場合概念の統一の能力としての悟性はただ概念あるいは規則の能力一般としての悟性であり、直観の多様を結合する能力としての構想力は自由に形像を構成する能力一般としての構想力一般であり、両者の合致はただ「認識一般」Erkenntnis überhaupt にとって要求されるものであり、従って構想力と悟性の相互的合致は両者の「相互的主観的一致」wechselseitige subjektive Uebereinstimmung を意味している。* そこに美的快感の普遍性の根拠があるのであって、その普遍性は主観的普遍性にほかならない。ところで構想力と悟性との右のごとき「自由な戯れ」、「相互的合致」、「相互的主観的一致」は、如何にして包摂の関係であり得るであろうか。客観的な概念を前提することができぬ場合、特殊的なものが与えられてこれに対する普遍的なものを見出すべき反省的判断力は、カントが主観的というごとく、どこまでも作用の方向において、主体的な方向において、普遍的なものを求めてゆかなければならない。かかる普遍的なものはどこまでも主体的なものであって何ら対象的なものではなく、無の性格のものであろう。かかる普遍はもとより単に悟性的なものであり得ない。そこに包摂ということの全く新しい意味が考えられねばならず、しかもかかる普遍の立場においては反省的判断力が限定的であって、限定的判断力はかえって反省的であるということもできるであろう。かかる普遍はやがて目的論の問題に関聯して重要になって来なければならぬ。

＊ Kritik der Urteilskraft, §9.

カントは判断力批判の中で、判断力の作用は表出あるいは表現にあると見て、次のごとく書いている。「対象の概念が与えられている場合、その概念を認識のために使用することにおいての判断力の仕事は表出 Darstellung (exhibitio) 即ち概念に対してこれに対応する直観を配することである。(50)」また判断力批判第一序論においても、「かかる概念に対応する対象を直観の中に表現 Darstellung (exhibitio) する」能力として判断力が考えられている。＊判断力は普遍的なものと特殊的なものとを結合する能力として表現的と見られるであろう。あらゆる表現は普遍的なものと特殊的なものとの統一である。しかし普遍的なものと特殊的なものとの統一が単なる包摂というごとき形式的な関係に過ぎない場合、これを一つの表現関係と見るにしてもなお抽象的であって真に表現的とはいい得ないであろう。「概念に対してこれに対応する直観を配する」

という判断力はむしろ構想力のことでなければならぬ。純粋理性批判には「概念にその形像を賦与する構想力の一般的操作」と記されている。表出あるいは表現の作用はすぐれて構想力に属している。仮に、概念が与えられている場合、これに対応する直観を配することは何らかいわゆる判断力の作用であるとしても、芸術においてのごとく概念が前提され得ない場合においてなお表現的であり得るのは、カントが人間学において根源的表出 exhibitio originaria の能力として認めた生産的構想力でなければならぬ。そこに言われているところによると、構想力の「戯れ」は規則の意識なしにしかも規則に適って、かくて悟性から導来されたのではないとはいえ悟性に適って働くのである。真の表現においては与えられた概念というものは存在せず、概念はむしろ生産的構想力によって図式のごときものとして表現過程の中から生まれてくるのである。生産的構想力は創造的であり、「無からの創造」という意味を有している。かような構想力に対していわゆる反省的判断力は原型的なものに対する模象的なものと考えられねばならぬであろう。

＊ Erste Einleitung in die Kritik der Urteilskraft, VII.〔『判断力批判』第一版序論〕

趣味判断の普遍性はカントに依ると主観的普遍性である。それは認識一般にとって要求される構想力と悟性の自由な調和と、これに基づく快感が普遍的に伝達され得る可能性に基づいている。ところでかかる調和は何によって捉えられるであろうか。趣味判断の本性上、それは概念的に捉えられることができず、直観的に捉えられるのでなければならぬ。それは概念によってではなく、感情によって、あるいはむしろ感覚Sinnによって捉えられるのである。しかもかかる感覚は普遍性を有しなければならぬ故に共通感覚Gemeinsinnでなければならぬ。そこでカントはいう、「趣味判断は、概念によってではなく、ただ感情によって、しかも普遍的に、何が満足を与えもしくは不満足を与えるかを規定するところの主観的原理を有しなければならない。しかるにかくのごとき原理はただ共通感覚として考えられ得るのみであろう。」共通感覚は、時としてやはり共通感覚Gemeinsinn(sensus communis)と呼ばれている共通悟性(常識)gemeiner Verstandとは本質的に異なっている、なぜなら後者は感情によってではなく、概念によって判断するのであるから。共通感覚は一種の感覚Sinnではあるが、如何なる外的感覚とも異なっている。かくしてカントにとって趣味判断を規定する主観的原理は共通感覚である。* 美に関する判断は反省的判断力に属すると論じた彼において共通感覚というものが持ち出されたことは注目に値するであろう。彼は趣味判断を共通感覚の判断とも見ているのである。** 反省的判断力に対して共通感覚は主観的な規定原理である。先に表出あるいは表現に関して構想力と判断力との間に考えたのと同様の関係がこの場合にも認められる。趣味判断としてより根源的な共通感覚に対して、いわゆる反省的判断力はむしろ第二次的反省的立場にあるともいい得るであろう。この場合カントが人間学において構想力と感覚 Sinn とを結び付けていることは示唆的である。*** 即ちそこでは感覚という語は「伝達における構想力の表象に対する感受性」を意味するのであるが、かような感覚は何よりも芸術において基礎的に要求されるものである。

* Kritik der Urteilskraft, § 20.

** „Also ist der Gemeinsinn, von dessen Urteil ich mein Geschmacksurteil hier als ein Beispiel angebe...." Kr. d. U. § 22.〔「したがって、私は私の趣味判断をここで共通感覚の判断の一例として挙げるのであるが、この共通感覚は……」〕

*** Anthropologie in pragmatischer Hinsicht, § 28.〔カント『実用的見地における人間学』〕

しかしながら根源的には構想力に属すると思われる問題をカントが判断力の問題として捉えたということは我々にとって重要な意義を有するであろう。それによって構想力は悟性と内面的な関係におかれ、その論理性が問題にされねばならなくなったのである。反省的判断力の論理は合目的性 Zweckmässigkeit の論理にほかならぬ。美的合目的性はカントに依ると主観的合目的性である。それは次のごとく説明される。「経験的直観において与えられた客観の形式が、構想力におけるそのものの多様の把捉と悟性の概念の表出(如何なる概念のであるかは無限定に)とが合致するような性質を有する場合、単なる反省において悟性と構想力とは相互にその仕事の促進のために一致し、対象は単に判断力に対して合目的として知覚され、従って合目的性そのものは単に主観的と見られる。それに対して客観の如何なる特定の概念も要求されず、またそれによって生産されもせず、そして判断そのものは何ら認識判断ではないのであるから。――かくのごとき判断は美的反省判断と称せられる。」即ち美的合目的性は主観的合目的性として、構想力と悟性との相互的一致あるいは調和において成立し、単に判断力に対して合目的的なのである。美的判断は概念を前提して概念によるものではない。「美とは、合目的性が目的の表象なくして対象において知覚される限りにおいての、対象の合目的性の形式である。」(51) そこでは概念が前提されるのでない故に、かかる合目的性は「目的なき合目的性」Zweckmässigkeit ohne Zweck である。これが主観的合目的性として美の本質である。反対に客観的合目的性は多様なものの一定の目的に対する関係によってのみ、従って概念によってのみ認識されることができる。「目的というのは、概念が対象の原因と看做される限りにおける、概念の対象のことである。[52]」ところで構想力と悟性との調和が判断力に対して合目的的であるということは、判断力の機能がもと直観と悟性とを結合することに存する故でなければならぬ。しかも直観と悟性との結合は認識の成立の根本的条件であって、そのためにカントは、構想力と悟性との調和を認識一般にとって要求されるものと考えたのである。彼は書いている。「趣味判断における表象の仕方の主観的普遍的伝達性は、特定の概念を前提することなしに成立しなければならないのであるからして、構想力と悟性との自由な(それらが相互に、認識一般 Erkenntnis überhaupt にとって要求されるごとく、合致する限りにおいての)戯れにおける心意の状態以外のものであることができぬ。その際我々は、この認識一般に適合せる主観的関係 dieses zum Erkenntnis überhaupt schickliche subjektive Verhältnis が、やはりこの関係を主観的条件としてつねにその上に立っているあらゆる限定された認識と同様に、如何なる者に対しても妥当し、従って普遍的伝達性を有するものでなければならぬことを意識しているのである。[53]」かようにして我々は純粋理性批判の先験的図式論と判断力批判との関係を認めることができるであろう。彼処《かしこ》における問題は、およそ認識が可能になる条件としての直観と悟性との綜合であった。この問題はすでに先験的演繹論の根本問題であって、そこではその解決のために構想力が持ち出されたのであるが、先験的図式論においてそれは先験的構想力の図式の問題として取り上げられたにも拘らず、綜合の問題が判断力による包摂の問題として形式化され外面化されたことは、先に述べておいた。いま第三批判書においては、認識の条件としての直観と悟性との綜合の問題が、反省的判断力に関して、構想力と悟性との調和として論じられている。構想力が直観的であることは言うまでもない。「綜合」の問題が「調和」の問題になったということは、ここでは認識が問題でなく、従って作用の内容が問題でなく、作用そのものが問題であり、かくして構想力の作用一般と悟性の作用一般との関係として調和が考えられたのである。調和は作用の調和である。従ってかかる合目的性は主観的合目的性である。これに対して純粋理性批判の問題は客観的である。カントはいっている、「趣味判断を惹き起こすところの与えられた対象が、もし仮に対象の判定における悟性と構想力とを客観の認識のために結合するところの概念であるとしたならば、この関係の意識は

（純粋理性批判が取り扱っている判断力の客観的図式論 der objektive Schematismus der Urteilskraft におけるごとく）知性的であるであろう。*」しかるに趣味判断は認識にではなく、快不快に関係する。そこでカントは美に関する反省的判断には図式は存しないと考えたのである。判断力批判第一序論の中で彼はいっている、「判断力において悟性と構想力とは相互の関係において見られる、しかもこの関係はまず客観的に、認識に属するものとして、考察されることができる（判断力の先験的図式論においてそうしたごとく）。しかしまた二つの認識能力の同じこの関係は、一が他をまさに同一の表象において促進しもしくは妨害し、これによって心意の状態を感触する限りにおいて、単に主観的に、従って感覚し得るところの関係として、考察することができるのである。**」かくのごとくカントは第一批判書と第三批判書との関係について語っている。しかるにかの先験的図式論の問題が根源的には構想力の問題であって、第二次的に判断力に属するという解釈が認められるとすれば、それに相応して第三批判書における反省的判断力の問題も根源的には構想力に属し、第二次的に判断力に属すると考えられないであろうか。あるいはカントが反省的判断力と称するものは我々のいう構想力と同じであるべきではなかろうか。カントは美の問題をまず趣味判断の問題として純粋に主観的に捉えようとした。しかしながら美に関しても美的対象の問題がある。美的対象の構造についても何らか合目的性が考えられ、しかもそれは目的なき合目的性の性格を有するのではなかろうか。問題はカントのいう主観的合目的性に止まり得ないであろう。美的対象に関する問題は趣味判断の問題として単に享受の面からのみ見らるべきではなく、むしろ根源的に制作の立場において捉えられねばならぬ。ここに判断力批判における天才の問題が現れる。カントは芸術はすべて天才の産物であるという。そこで我々は次にカントの天才論を手懸かりとして、美的合目的性の問題、一般に目的論の問題に一層深く入ってゆかねばならぬ。そしてその際いわゆる客観的図式論に対する新たなる図式論の問題が生じてくるであろう。

* Kritik der Urteilskraft, § 9.

** Erste Einleitung, VIII.

カントの美学は趣味判断の論として享受の立場に立ち制作の立場に立つものでないといわれるであろう。しかしそれは更に天才の問題を論ずるに及んで制作の立場に立つに至ったと考えられる。カントに依ると、「美的対象のかかるものとしての判定には趣味が必要とされる、しかるに美的芸術そのものには、言え換えると、かかる対象の生産には、天才が必要とされる。(54)」即ち、与えられた美的対象を美的対象として享受し評価するものは趣味であるが、美的対象そのものの存在、その生産は天才に負うのである。「美的芸術はただ天才の所産としてのみ可能である。」と彼はいっている。ところでカントの趣味批判が彼の同時代の精神史的問題と密接な聯関を示しているように、彼の天才論も同時代の精神史的発展と密接な聯関を含んでいる。* しかも彼の趣味判断の論と天才の説とは、一は享受の立場に立ち、他は制作の立場に立つといわれるにしても、両者はもとより必然的に相互に内面的な関係を有しなければならず、また有しているのである。

* Vgl. Otto Schlapp, Kants Lehre vom Genie und die Entstehung der Kritik der Urteilskraft, 1901.〔オットー・シュラップ『カントの天才論と『判断力批判』の成立』〕なお拙稿「天才論」(『哲学ノート』所収)〔全集第十二巻収録〕参照。

カントが天才に対して下した定義はこうである。「天才とは芸術に規則を与えるところの才能(天分)である。才能は、芸術家の生得の生産的能力として、それ自身自然に属する故に、我々はまた次のようにも言い表し得るであろう、即ち天才とは、自然がそれによって芸術に規則を与えるところの生得の心的素質(ingenium)である、と。[55]」何故に美的芸術は必然的にただかかる天才の所産としてのみ可能であると考えられるのであろうか。如何なる芸術も単なる偶然の産物でなく客観性を有しなければならぬ以上、その根柢に規則を前提しなければならない。けれども美的芸術の概念は、その産物の美についての判断が、概念を規定根拠として有する何らの規則からも導き出されることを許さないのであるからして、美的芸術は、それに従ってその産物を作り出すべきところの規則を自分に考え出すことができない。しかも規則を前提しないでは如何なる産物も芸術と呼ばれ得ないのであるからして、主観における自然が芸術に規則を与えなければならないのであって、つまり美的芸術はただ天才の所産としてのみ可能である。天才は規則の意識なしに規則に適い、概念を有しないで概念に適い、かくして自然として芸術に規則を与えるのである。天才は自然であるというとき、その自然はもとより自然科学の意味における自然をいうのではない。カントは天才を

「主観における自然」die Natur im Subjekte と称しているが、それは客観的な自然でなく主体的な意味における自然であり、歴史的自然にほかならぬ。かかる自然は単なる必然でなく、かえって必然と自由の統一である。天才はどこまでも自由であってしかも概念に一致し、芸術に対して規則を与えるのである。それは概念以前の、その意味において無意識的な自然の生産的能力であって、芸術における規則はかかる天才の活動についての反省から初めて導き出されてくるのである。天才は「自然の寵児」である。しかも特定の歴史的人間のみが天才であるのではなく、カントにおける「自然の技術」の思想が示すごとく自然は歴史的自然としてその根柢において天才的なのである。自然の技術も、すべての技術がそうであるように、自由と必然の統一である。芸術も、もとより一つの技術にほかならぬ。そして天才が自然として芸術に規則を与えるごとく、自然の技術はカントにとってやがて論ずる通り自然科学的認識に対して規則を与えるのである。またカントは、「自然は、それが同時に芸術と見える場合、美であった、そして芸術は、それが芸術であることを意識しつつ、しかもそれが自然と見える場合にのみ、美と呼ばれ得る。[56]」と書いているが、芸術がまさに天才の所産として芸術でありながら同時に自然と見える故に美であるごとく、自然もまさに自然の技術の所産として自然でありながら同時に芸術と見える故に美であり得るのである。芸術美の根柢に自然(天才)が考えられねばならぬごとく、自然美の根柢に芸術(自然の技術)が考えられねばならぬ。それらはいずれも歴史的世界において成立するものとしてかかるものである。歴史的世界は自然と自由、自由と自然の統一である。ところでカントは人間学の中で、「構想力の独創性(模倣的でない生産)は、それが概念に一致する場合、天才と呼ばれる。[57]」といっている。かくのごとくであるとすれば、天才の所産と見られねばならぬ芸術の根柢に構想力の論理があることはもとより、自然の技術において見られる具体的な自然の根柢にも構想力の論理が考えられねばならぬであろう。およそ歴史的世界の根柢には構想力の論理がある。ランゲ・アイヒバウムは、天才は特定の人間のタイプでなく社会的関係に過ぎず、社会的名声によって成立するものであると論じているが、それは天才が我々のいう「神話」として歴史的に存在することを意味するのでなければならず、そしてかくのごときことにしても、歴史的世界の根柢に構想力の論理が働くと見ることによって考えられ得ることである。*しかしながら、カントの天才論、更に目的論を構想力の論理の意味に解するということは、第三批判書そのものに示されている彼の説と合致し得るであろうか。

＊ Cf. Wilhelm Lange-Eichbaum, The problem of genius. English by Eden and Cedar Paul, 1931.〔ヴィルヘルム・ランゲ＝アイヒバオム『天才の問題』イードン・ポール、シーダー・ポールによる英訳〕並びに拙著『構想力の論理　第一』における「神話」〔第一章〕参照。

カントによると（Kritik der Urteilskraft, § 46.）天才の第一の特性は独創性 Originalität である。天才はそれに従って生産すればよい一定の規則の与えられ得ないところのものを生産する才能であって、何らかの規則に従って学ばれ得るところのものに対する技能的素質ではない。天才は模倣の精神とは全く反対のものである。ニュートンのごとき偉大な頭脳も、彼が発見したすべてのことは学ばれ得るもの、即ち規則に従っての研究と思索の自然的な道において達せられ得るものであって、勤勉な模倣によって獲得され得るものと種別的に異ならないものである故に、天才とは呼ばれ得ないのである。学問においては最大の発見者と最も忠実な模倣者との差異は程度上のものに止まるのに反して、芸術における天才と凡才との差異は種別的である。もっともそのことは芸術に対して学問を貶しめることではなく、かえって学問は、誰でもが学び得るものであるところから、その知識は進展して止むことなく、これが利用も絶えず完全になってゆくという大きな長所を有している。しかるに芸術においてはかくのごとき不断の進歩というものはなく、或る絶頂が既に昔に達せられていて、その限界を超えることも拡げることもできないで何処かに停頓しているというような状況が見出されるのである。カントが天才を芸術にのみ認めて学問には認めなかったという点については問題があるにしても、*天才が独創性であるということには議論の余地がないであろう。そして独創性というものはカントも考えたごとく何よりも構想力に属するであろう。しかし独創的であっても無意味なものもあり得るのであるから、天才の第二の特性として、その産物が同時に模範であり、「範例的」exemplarisch であるということがなければならぬ。言い換えると、それ自身は模倣によって生ずることなく、しかも他に対しては芸術的評価の規準となり、規則となるのでなければならぬ。かようにして天才は自然として芸術に規則を与えるのであるが、その規則というものは如何なる種類のものであろうか。それは或る方式にまとめられて規矩として役立つようなものではあり得ない。もしそうであるとすれば、美についての判断は概念に従って規定し得るものである筈である。美的判断の有する必然性は概念的一般的な必然性ではなく、「範例的」exemplarisch な必然性である。**すべての芸術作品は一あって二なき個別的なものであって、規則というよりもむしろ「範例」Beispiel であり、どこまでも特殊的なものが同時に一般的なものをどこまでも指示しているのである。そこに見られるのはゲーテ的な意味における原形態あるいは原型 Urtypus である。それはどこまでも感覚的であってどこまでもイデー的である。かくのごとき意味において我々は、天才が自然として芸術に与える規則は、規則というよりも図式 Schema であるということができるであろう。それは図式として生産的構想力の産物でなければならぬであろう。かかる図式を媒介として作品は作品を生み、天才は天才を喚び起すのである。「天才はただ天才によってのみ点火され得る。」とレッシングはいったが[58]、カントも「芸術家のイデーは彼の弟子に自然が同様の心的諸力の比例を賦与している場合、この者の同様のイデーを刺戟する[59]」と述べている。天才の作品は「模倣」Nachahmung にとっての例ではなく、むしろ他の天才の「後継」Nachfolge にとっての例であり、この者はそれによって「自己自身の独創性の感情に喚び起こされ、規則の拘束からの自由を芸術において行使する結果、芸術はこれによってみずから、才能がもって自己を典型的として示すところの一つの新しい規則を得るのである[60]。」ここに我々は天才という歴史的人間の概念が、実践理性批判における人格の概念とは異なる具体的な哲学的基礎附けを有しなければならぬことを知るであろう。即ちかしこでは人格の概念の基礎は一般的な法則に求められ、かくして人格の本来有すべき個別性が危うくされたのに反して、ここでは天才の歴史的個別性は完全に認められ、かくしてその哲学的基礎としてはライプニッツのモナドロジーのごときものが考えられねばならぬであろう。実際、精神史的に見て、ドイツにおける天才論の発展に重要な基礎を与えたのは、ライプニッツのモナドロジーであった。道徳的人格にしても、生ける歴史的人間としては、実践理性批判における「法則」のごときものではなく、むしろ判断力批判における天才のごとき意味における「範例」あるいは歴史的な図式の意味のものでなければならぬであろう。道徳的人格もそれ自身天才に属し、歴史的創造的である。道徳そのものもベルグソンのいうごとく創造的である。そしてベルグソンのいうごとく、道徳に習慣的格率的な道徳と創造的人格的な道徳との区別が認められる(61)とすれば、後者の根柢に生産的構想力が考えられるごとく、前者の根柢には再生的構想力が考えられるであろう。道徳も歴史的なものとしてかくのごときものであって、すべて歴史的世界の根柢には構想力の論理があるのである。ところでカントに依ると第三に、天才は自然として働くのであるからして、如何にして彼が彼の産物を作り出すかを自分で記述すること、言い換えると、学問的に提示することはできない。天才の活動はこのように概念以前の、いわゆる無意識的な活動であるとすれば、これを規定するものは悟性ではなく、理性でもなく、構想力であるといわねばならぬであろう。天才という語が genius 即ち或る人間に特有な、出生の際に一緒に与えられた彼を守護し指導する霊という意味の語に由来するごとく、かの独創的なイデーは天来の啓示によるものと考えられるのである。彼は自己の創作の秘密を他に向かって説明することができず、むしろ自己の作ったものが自己を超えたものによって作られたものであることを感知している。かようにして第四に、天才は学問に対してではなく、芸術に対して規則を指定する自然の作用である。カントが芸術にのみ天才を認めたということは、その当否は別にして、天才と構想力との密接な関係を示すことになるであろう。ディルタイなどのいうごとく、構想力はすぐれて芸術家的な能力である。芸術家は単に知るのでなく、物を作るのである。芸術作品は感覚的な、物質的な物である。構想力の論理は単なる認識の論理ではなく、何よりもかかる物の生産の論理である。カントが構想力に重要な意味を認めたのは、認識論においても、天才論においても、感覚、直観、素材に関して、しかもそれの悟性に対する関係においてであった。彼は判断力批判の他の箇所(Kr. d. U. § 49)で天才を説明して、天才は第一に芸術に対する才能であって、明瞭に知られた規則が先行してその手続きを規定しなければならぬところの学問に対する才能ではないといい、「第二に天才は、芸術の才能として、目的としての産物についての一定の概念、従って悟性を前提するが、しかしまたこの概念の表現のために素材 Stoff 即ち直観の(たとい不定なりとも)表象、従って悟性に対する構想力の関係を前提する。」といっている。しかるに芸術における表現は、一定の概念が予め与えられていて、これをただ直観のうちに表現するということきものではないであろう。芸術におけるイデーは芸術家の表現作用そのものの中から生まれてくるのである。そこで「第三に、天才は一定の概念の表現における計画的な目的の実現において顕われるよりもむしろ、かの意図への豊富な素材を含み、従って構想力をあらゆる規則の指導から離れて自由に、しかも与えられた概念の表現に対して合目的的に表象せしめるところの美的理念 aesthetische Idee の提示もしくは表出において顕われるのである。」まことに天才は美的理念の表現において顕われる。しからば美的理念とは如何なるものであろうか。これと構想力との関係は如何なるものであろうか。

* 前掲拙稿「天才論」参照。

** Vgl. Kritik der Urteilskraft, § 18.

天才にとって最も本質的なものは、カントに依ると、「精神」Geistである。天才の芸術はつねに精神を有している。精神とは「美的理念の表現の能力」にほかならない。そして美的理念というのは、「多く考えさせるところの構想力の表象」diejenige Vorstellung der Einbildungskraft, die viel zu denken veranlasst. であって、しかもそれに対しては如何なる特定の思想即ち概念も適合し得ることなく、従って如何なる言葉も完全にそれに到達し、それを表明し得ぬものである。かようにして美的理念は理性理念Vernunftideeと対照をなしている。なぜなら、理性理念は如何なる直観もそれに適合し得ぬ概念であるのに対して、美的理念は如何なる概念もそれに適合し得ぬ直観であるから。すでに美的理念は構想力の表象である。それが理念と呼ばれるのは、一面、それが経験の限界を超えて横たわる或るものに向かって少なくとも努力し、そしてかくして理性概念（知性的理念）の表現に近づくことを求め、そのことがそれに客観的実在の外観を与える故であり、他面、しかも主として、それが内的直観として、如何なる概念もそれに完全に適合し得ないという理由によるのである。かかる美的理念を表現するということは本来ただ「（構想力の）才能」である。かようにして構想力の表象は、一方どこまでも直観的であると共に、他方どこまでも理念的である。カントは、美的意味における精神というものは、「心意における生命的ならしめる原理」das belebende Prinzip im Gemüte である、といっている。この原理がもって心意を生命的ならしめるもの、そのために用いられる素材は、「心意の諸力を合目的的に躍動せしめ、みずから自己を持続せしめ、みずからそれに対する力を強めしめるごとき戯れの中におくところのもの[62]」である。かくのごときものは美的理念にほかならず、精神はかくのごとき美的理念の表現の能力である。美的理念によって合目的的に躍動せしめられる心意の諸力は、既に趣味判断の基礎とされたところの、自由な戯れにおいて調和するという構想力と悟性である、かくして天才論と趣味判断の説とは結び附く。カントはいっている、「それ故に、その(或る関係における)結合が天才を形作るところの心意の諸力は、構想力と悟性である。ただ、構想力を認識のために使用する場合には、構想力は悟性の概念に適合すべく、悟性の強制のもとに立ちその制限に服するが、美的意図においては、これに反して構想力はかの概念との一致を超えて、自由に、しかも自然に、豊富な未展開の素材を悟性に提供し、悟性はその概念においてはこれに対して顧慮を払わないけれども、これを客観的に認識のためにというよりはむしろ主観的に認識諸力を生命的ならしめるために、従って間接にはまた認識のためにも使用するのであるからして、従って天才は本来、与えられた概念に対して理念を発見し、他方かような理念に対して表現を見出し、これによってそこに惹起された主観的な気分が、概念の随伴物として、他人に伝達され得るという、如何なる学問も教え得ず如何なる勤勉も学び得ぬところの或る幸運な関係の中に成立するのである。」(63)天才において構想力と悟性とは一致しなければならないが、この場合構想力は悟性の強制や制限に従うのではなく、かえって構想力の自由な独創的な活動がおのずから概念に一致するのである。悟性には「自由な戯れ」というものはあり得ない、これは構想力に属することであって、天才における構想力の自由な戯れはおのずから規則に適っているのであって、そこにその天才性がある。かくしてカントは右に挙げた個所(Kr. d. U. § 49)において天才についての説明を続けて、「第四に、悟性の法則性に対する構想力の自由な調和におけるおのずからの、故意でない、主観的な合目的性は、学問にせよ機械的模倣にせよ、如何なる規則の遵奉も決して生起せしめ得ず、ただ主観の自然のみが実現し得るようなこれらの能力の比例と調和を前提する。」と述べている。天才は概念よりは理念を発見し、この理念に表現を与える能力であり、この理念はどこまでも直観的なものである。このものは単なる認識においてでなく物において、表現的な物において、かかる物の生産において現れるものとして、かくのごときものでなければならぬ。構想力と悟性との一致という主観的なもの、不定なものは、客観的に美的理念として表現に達する。美的理念は芸術における歴史的な形であって、個別的に限定された形として与えられるものである。かかる美的理念を客観的に表現している作品に対して、これを享受する側の主観では悟性と構想力の作用の自由な戯れにおける調和が惹起されるのである。天才の活動は本来、表現的生産に存するのであって、表現される美的理念はもと構想力の表象である。このものにおいて構想力と悟性は客観的表現的に統一される。かくして「構想力の独創性(模倣的でない生産)は、それが概念に一致する場合、天才と呼ばれる。」というカントの人間学の定義は判断力批判においても維持されるであろう。構想力の論理は何よりも表現の論理である。カントの天才論における「精神」Geist の概念は、彼の趣味判断の説における「感覚」Sinn の概念に相応するものと考えることができる。ここにいう精神は悟性的なものであるよりも直観的なものである。精神とはイデー的なものと見られた構想力にほかならない。かかる意味における精神はやがてフンボルトなどの哲学において中心をなすものである。かかる精神の本質は、悟性や理性と区別されて、本来的に表現的であるというところにある。

しかるに判断力批判における精神の概念、美的理念の概念は、理念的なものとして、構想力をカントのいわゆる「直観的悟性」intuitiver Verstand の概念に接近せしめるように見える。カント以後の哲学が直観的悟性の立場において発展せしめられたことは周知のごとくである。その弁証法と称せられるものも直観的悟性の論理にほかならなかった。かかる弁証法に対して構想力の論理の立場が明らかにされねばならぬ。既に純粋理性批判において見たごとく、構想力は感性と悟性の綜合と考えられる。同じように直観的悟性も直観と悟性の綜合と考えられるであろう。しかし直観的悟性がいわゆる原型的知性 intellectus archetypus として無限なるもの即ち神の立場に立つのに反して、構想力の論理はどこまでも人間の立場に止まるものでなければならぬ。ハイデッゲルがそのカント解釈において人間存在の有限性に関聯して構想力の問題を取り上げたのも理由のあることである。構想力の論理は神の立場に立とうとした直観的悟性の論理を本来の人間の立場に引き戻そうとするものでなければならぬであろう。それは超歴史的な直観的悟性の論理を本来の歴史的な立場に転換するものでなければならぬ。ヘーゲルの弁証法は、直観的悟性の立場に立つものとして、無時間的な超歴史的な立場に立ち、現実においては観想の立場に止まり、哲学は結局ミネルヴァの梟《ふくろう》として過去について思弁し得るに過ぎず、その弁証法も一種形式的なものに堕してゆくべき運命を担っていた。これに対して構想力の論理は如何にして自己を区別し得るであろうか。この問題に触れるに先立って、我々は更にカントの判断力批判における目的論の問題に立ち入って考えてみなければならぬ。

一六

カントは合目的性に種々の区別を設けた。その際まず美的合目的性が考えられたことは既に述べたところから明らかである。美的合目的性は主観的合目的性である。それは構想力と悟性との調和において成立するのであるが、いわゆる目的なき合目的性あるいは法則なき合法則性として構想力の自由な活動がおのずから悟性の概念に一致するのである。従ってカントはこれを「構想力の自由な合法則性」freie Gesetzmässigkeit der Einbildungskraft とも称している。* しかるに美は芸術においてのみでなく自然においても認められる。自然美 Naturschönheit というものがあり、自然の主観的美的合目的性が考えられる。自然は如何なるものとして美であるであろうか。およそ対象が美として享受されるには、対象は概念的にではなく直観的に把捉されるのでなければならぬ。カントの言葉に依ると、この場合対象の形式が「対象のあらゆる概念に先立つ把捉（apprehensio）において」把捉されるのでなければならぬ。** ところで apprehensio（覚知）の把捉について、我々は純粋理性批判の中で直観における覚知の綜合に関して次のように記されているのを想い起こす。「だから我々のうちにはこの多様の綜合の活動的な能力があるのであって、これを我々は構想力と名附け、そしてこれが直接に知覚に及ぼす作用を私は覚知 Apprehension と名附ける。構想力は即ち直観の多様を一つの形象に in ein Bild もたらさねばならぬ。故に構想力はまず印象をその活動のうちに受け入れねばならぬ、言い換えると印象を覚知しなければならぬ。」といい、更に「構想力は知覚そのものの必然的成分である。」といっている。*** かようにして美的対象において把捉される形式というものは直観的なもの、形象的なものでなければならぬ。経験に与えられた対象における合目的性は、カントに依ると、まず単に主観的な根拠から、「対象のあらゆる概念に先立つ把捉（覚知）における対象の形式と、直観を概念と認識一般のために結合する認識諸能力との合致として」表象される。即ち対象において覚知される形式は、直観の能力としての構想力の作用と概念の能力としての悟性の作用とを互いに促進させつつ調和させるごときものでなければならぬ。この調和の意識が普遍妥当的な快の感情として現れるところに趣味判断は成立するのであって、主観的美的合目的性の表象は対象の形式における直接的な快の感情の上に立っている。しかるに構想力の作用と悟性の作用との合致は「認識一般」Erkenntnis überhaupt にとって要求されるものである。なぜならすべての認識は直観と概念との結合であるから。美的判断の普遍妥当性の根拠として掲げられたこの「認識一般」というものが判断力批判と純粋理性批判との、カントの美学と認識論との連繫を示すことは、既に述べた通りである。今かかる連繫は彼が自然の形式的論理的合目的性と称するものにおいて一層明瞭に認め得るであろう。カントは、「自然は、それが同時に芸術と見える場合、美である。」といった。自然が美であるのは自然が技術的であるためであり、自然美の根柢には自然の技術がなければならぬ。しかるにカントが「自然の技術」Technik der Natur というものは自然の形式的論理的合目的性である。かかる自然の論理的合目的性と美的合目的性との間には内面的関係が存しなければならず、しかも判断力批判における自然の論理的目的性の思想は純粋理性批判の先験的弁証論における思想とつながっているのである。

*　Kritik der Urteilskraft, § 22.
**　Op. cit., Einleitung, VIII.
***　本書〔第四章〕第九節一〇七頁参照。

いったい自然の論理的合目的性とは何をいうのであろうか。純粋理性批判において自然は「一個の自然」eine Natur として問題にされ、解明された。これを経験というも、経験は「一個の経験」eine Erfahrung として問題にされ、解明されたのである。かかるものとして自然あるいは経験は体系と考えられる。しかしここにいう経験は「可能的経験一般」を意味し、自然は「自然一般」Natur überhaupt を意味している。この自然は可能的経験一般の先験的制約としての悟性の法則によって成立すると考えられた。従ってその体系は「先験的法則に従っての体系」にほかならない。しかるにかかる自然一般は、カントの言葉を借りると、形式的に見られた自然 natura formaliter spectata であって、内容的に見られた自然 natura materialiter spectata ではない。ところで我々が普通に自然として経験するものは内容的に見られた自然である。そこには種々の特殊的な経験的法則が認められる。この自然は「特殊的法則の多様によって規定された自然」であり、経験というも経験一般ではなく「特殊的経験」besondere Erfahrung である。かような特殊的法則は先験的に演繹され得ぬものであって、悟性にとって偶然的である。そうであるとすれば、我々は「特殊的法則の多様の迷宮」の中を彷徨しなければならないのであろうか。経験的法則は無限に多様である。しかし我々の自然研究はかかる経験的法則の体系的聯関を求めている。それは「特殊的経験の集積 Aggregat をその体系 System として考察する」ことを要求している。* 形式的に見られた自然が体系であるばかりでなく、内容的に見られた自然も体系であるのでなければならぬ。前者が「先験的概念(範疇)に従っての先験的体系」をいうのに対し、後者は「経験的法則に従っての自然の体系」を意味している。そして我々の経験的認識は後の意味における体系を前提するのである。しかるに無限に多様な経験的法則の可能性は先験的に認識され得ず、悟性にとって「偶然的」である。経験的法則に従っての自然の統一、経験の統一の可能性は偶然的である。経験的法則に従っての自然の体系は悟性にとって「全く無縁」ganz fremd である。かように悟性の立場においては考えられない自然の経験的体系を可能ならしめるものはカントに依ると反省的判断力の先験的原理である。これが経験的法則に関する自然の特殊化 Spezifikation der Natur の原理である。カントは「自然はその一般的法則を経験的法則に、論理的体系の形式に従って判断力のために特殊化する」といっている。この原理によって特殊的なものは一般的なものに対して偶然的と見られることなく、多様な経験的法則について、より一般的なものとより特殊的なものとは秩序に従って内面的関係に結合され、体系化が行われるのである。悟性にとって偶然的な経験の法則は自然の特殊化の原理によって合法則化されるのであり、我々の経験的認識はかかる原理を前提して自然の統一を求めるのである。「偶然的なものの合法則性」Gesetzmäs-sigkeit des Zufälligen は合目的性にほかならない。無限に多様な経験的法則を論理的体系に整序するかかる合目的性は形式的且つ論理的合目的性であり、しかもそれは自然を認識する我々の能力にとって合目的的なのであって主観的合目的性である。自然の認識には特殊的なものを一般的なものの下に含まれるものとして判定し、それを自然の概念の下に包摂し得ることが要求されている。そして判断力は特殊的なものを与えられた一般的なものの下に包摂する能力であるのみでなく、また逆に、特殊的なものに対して一般的なものを見出す能力である。自然の特殊化はそれ故に判断力にとって合目的的である。「自然はその一般的法則を合目的性の原理に従って我々の認識能力のために特殊化する」(64)、とカントは書いている。ところで多くの不同な自然法則の間に聯関が発見され、包括的な原理の下に統一されてゆくということは、我々に満足を与える。経験の統一を求めようとする我々の意図は達成され、しかるに「あらゆる意図の達成」Erreichung jeder Absicht は快の感情と結び附いている。自然の形式的論理的合目的性には快の感情が伴うのである。そこにまず我々は論理的合目的性と美的合目的性との関係を認め得るであろう。もっとも、美的快感はカントに依ると無関心の快感であり、このものは意図の達成に伴う快感とは区別されねばならぬといわれるであろう。しかし自然の論理的合目的性に結び附く快感は知における美を現し、いわば知的美あるいは抽象美として美の一種と見ることができる。なぜならこの快感は意欲とは関係のないものであるから。カントはいっている、「意図の達成の条件が、いまこの場合における反省的判断力一般にとっての原理のごとく、先験的な表象である場合、快の感情も先験的な根拠によって、且つ万人に妥当するように規定される。しかもそれは単に認識能力への客観の関係によるのみであって、合目的性の概念はこの際毫も意欲能力への交渉を有することなく、従って自然の一切の実践的合目的性とは全く性質を異にするものである。」[**] 即ち論理的合目的性は純粋感情の原理となり、美的合目的性の原理となり得るものである。美が判断力にとって合目的的であるのは「認識一般」の要求する構想力の作用と悟性の作用との合致によるのであるが、すでにこの認識一般という概念は美的合目的性と論理的合目的性との内面的関係を示唆している。認識一般という概念は単に作用の見地において考えられたものであるが、これに対して論理的合目的性の概念は主観的といわれるにしてもなお対象的論理的規定を含むところに美の論理にとって一層重要な意味を有するであろう。美的判断の根拠は対象の形式における論理的合目的性にあると考えることができる。しかるに認識一般にとっては構想力の作用と悟性の作用との合致が要求されたのであるが、自然の形式的論理的合目的性においては構想力は何ら関係のないものであろうか。この問題を追及するために、更に立ち入って自然の論理的合目的性について考えてみなければならぬ。

* Erste Einleitung, II

** Kr. d. U. Einleitung, VI.

一七

自然の論理的合目的性の思想は判断力批判を純粋理性批判に結び附ける。後の書の先験的弁証論においてカントは先験的理念を論じた。彼に依ると、我々の悟性は経験の対象に関係するのみである。経験の対象は制約されたものである。すべて制約されたものについてはその制約を考え、更にこのものの制約を考え、かようにして制約の全体を考えることができる。しかるにかかる制約の全体性は経験を超え、従って悟性を超えている。それは純粋悟性概念とは異なる純粋理性の概念に属している。カントが先験的理念と称するものはかくのごとき純粋理性の概念にほかならない。我々の認識は決してそれに到達することはできないが、しかもそれは我々の認識にとって欠くことのできぬ必然的なものであって、我々の認識はそれによって初めて統一を得るのである。カントはかかる先験的理念の第三のものとして「一つの体系における部分の選言的綜合」を掲げたが、これはシュタットレルのいうごとく、判断力批判における論理的合目的性の概念に当たると見ることができるであろう。体系の理念は先験的弁証論附録において詳細に論述されている。理性は認識の統一を要求する。しかるに「この理性統一はいつでも理念を、即ち部分の定まった認識に先行し、各部分に他の部分に対するその位置と関係を先験的に規定する諸制約を含むところの認識の全体の形式に関する理念を前提する。従ってこの理念は悟性の認識の完全な統一を要請し、これによって悟性の認識は単に偶然的な集積 Aggregat ではなく、必然的法則に従って聯関する体系 System となるのである。*」しかもこの個所においては体系というもののの論理的構造が詳細に示されている。体系が成立するためにはまず同質性 Homogenität (Gleichartigkeit ともいわれる) の原理が存しなければならぬ。多様のものの間に同質性あるいは同一性が前提されることによって体系化は可能になるのである。それは論理的に見ると多様なものを類に、更により高い類に包括してゆく類の原理 Prinzip der Gattungen に相応する。しかしかような原理のみでは体系は成立し得ず、かえってそれのみでは体系は破壊されるであろう。類の論理的原理に種の原理 Prinzip der Arten が対立する。この原理は物が同一の類のもとにおいて合致しているにも拘らずなお且つ多様性差異性を有することを要求する。即ち理性は一方においては類に関する外延（一般性）への関心、他方においては種の多様性に関する内包（限定性）への関心という、相矛盾する関心を示している。前の場合我々は類へ昇ることによって単純性を獲得しようとするのであり、後の場合我々は類から始めて、類のもとに含まれる多様なものに降り、かくして体系に拡充を与えようとするのである。類の論理的原理の根柢に同質性の先験的な原理があるように、種の原理の根柢には先験的な特殊化 Spezifikation（Mannigfaltigkeit あるいは Varietät ともいわれる）の原理がある。しかし体系的統一を完成するためには、これら二つの原理に加えて、更に第三に連続性 Kontinuität（Affinität あるいは Verwandtschaft ともいわれる）の原理がなければならぬ。これは前の二つの原理の結合から生ずるものであって各々の種から他の各々の種へ差異性の段階的生長による隈なき推移を要求するものである。かようにして判断力批判における論理的合目的性の概念は、同質性、特殊化、連続性という三つの原理においてその論理的構造が明らかにされていると見ることができるであろう。

* Kritik der reinen Vernunft, B673.

ところで自然の特殊化または論理的合目的性は、あるいは類といい種といい、あるいは判断力批判第一序論においては「多様なものの分類」Klassifikation des Mannigfaltigenといわれ、形式論理的なものを思わせるにしても、何ら形式論理的なものではない。もとより体系というものも、類と種との関係において分類的に、形式論理化されることができる。しかしそのことが可能であるためには体系に関する先験的原理が予想されねばならぬ。カントは、「類の論理的原理は、それが自然(ここに私が自然というのは単に我々に与えられる諸々の対象の謂である)に適用さるべき場合、先験的原理を前提する。」といっている。* かかる先験的原理は上に述べた同質性の原理である。また彼は種の原理について、「この論理的法則も、その根柢に先験的な特殊化の法則が存するのでなければ、意味と適用とを有しないであろう。」と書いている。自然の論理的合目的性は形式論理的見地の自然への適用の先験的前提である。形式論理が抽象的であるに反し、合目的性の論理は具体的である。具体的なものは抽象的なものの根柢であって、後者から前者が理解され得るのでなく、かえって前者から後者に理解され得るのである。しからば合目的性の論理は如何なるものであろうか。体系というものは全体性の概念である。それは形式論理の類と種の関係において考えられ得るものでなく、全体と部分との関係において考えられねばならぬ。全体は形式論理における類のごとき「分析的普遍」das Analytisch-Allgemeineではなく、むしろ

「綜合的普遍」das Synthetisch-Allgemeine である。分析的普遍においては普遍は特殊の多様性に関して何事も規定せず、特殊は普遍に対して偶然的である。しかるに綜合的普遍においては部分は全体の特殊化ないし分化発展と見られ、全体は部分の偶然性を含まない。** ここにおいて連続の原理は完全である。この原理に関してカントは、各々の種から他の各々の種へ差異性の「段階的生長」stufenartiges Wachstum による連続的推移といい、そのとき一切の多様は唯一の最高の類から次第に拡張された限定のあらゆる度を通じて「派生する」abstammen といっている。*** かようにして合目的性の論理はカントのいわゆる直観的悟性の論理を思わせるものがあるであろう。前に引用したごとく彼は、「認識の全体の形式に関する理念は部分の定まった認識に先行し、各部分に他の部分に対するその位置と関係を先験的に規定する諸制約を含む」、といっている。合目的性の論理はヘーゲルの論理を思わせるものがあるであろう。

* Kritik der reinen Vernunft, B682.
** Kritik der Urteilskraft, § 77.
*** Kritik der reinen Vernunft, B686.

しかしカントの論理はもとよりヘーゲルの論理とは同じでない。カントは理念に関して「理性の仮設的使用」hypothetischer Gebrauch der Vernunft をのみ認めた。即ち純粋理性の概念としての理念は、我々の認識にとって構成的 konstitutiv でなく、単に規制的 regulativ であり得るに止まっている。純粋理性批判において理性の仮設的使用というものは、判断力批判において合目的性が規定的判断力にではなく反省的判断力に属せしめられたのに当たっている。即ち合目的性は反省的判断力に属するものとして、自然認識にとって構成的原理ではなく規制的原理であり、従って発見的原理 heuristisches Prinzip であり得るのみである。カントは自然の合目的性あるいは自然の技術は発見的原理に過ぎぬことを述べた後、「かくのごとき研究は純粋理性の批判の一部分としてその体系に属する」といっている。* 判断力批判と純粋理性批判の間に密接な聯関が存在することは明瞭である。ところで果たして自然の合目的性はカントの考えるごとく単に規制的であって、決して構成的でないのであろうか。我々の経験的認識はむしろこのものをも構成的として要求するのではなかろうか。既に掲げたごとく、カントは類の論理的原理は先験的な同質性の原理を前提すると考えた。自然の経験的認識に形式論理が適用され得るという以上、その根柢には合目的性あるいは「自然の体系性」ともいうべきものが、しかも構成的原理として、存しなければならぬのではなかろうか。「特殊的な法則がより一般的な法則の下に立ち、原理が節約されるということは、単に理性の経済的原則ではなく、自然の内的な法則」である、とカントはいっている(65)。いかに純粋悟性の一般的法則が、いかに範疇並びに空間及び時間の先験的形式が、経験の対象を制約し構成するにしても、これらの具体的なものが更に特殊的な法則において、内容的関係においても、合致するのでなければ、我々はカントのいわゆる「多様の迷宮」の中に残され、為すところを知らないであろう。そのとき自然はおよそ把握され得ず、いな一般に可能でなく、リープマンの語を借りると、「把握し得ざる混乱」unbegreiflicher Wirrwarr(66)であるであろう。「自然を把握することを目的とする科学は、自然が把握され得るという前提 Voraussetzung ihrer Begreiflichkeit から出立しなければならぬことは、いずれにしても明らかである。」とヘルムホルツはいった(67)。しかるに自然は、個々のものがいかに時間空間並びに範疇の規定の下にあっても、それらが内容的に互いに全く無縁であり、異質的である場合、把握され得ないであろう。自然が把握され得るものであるためには、合目的性は構成的原理の意味を有しなければならぬ。ラシュリエは『帰納法の基礎』の中で、帰納法の原理は二つの区別される法則の上に立っていると考えた**。その一つの原理は、それによって諸現象が系列を形作り、この系列において先行するものの存在が後続するものの存在を決定するのである。いま一つの原理は、それによってこれらの系列がまた体系を形作り、この体系において全体の理念が諸部分の存在を規定するのである。ところで他の現象をこれに先行することによって決定する現象は運動原因と呼ばれるものであり、そしてその諸部分の存在を作り出す全体はカントに依ると目的原因である。かくてラシュリエのいうごとくであるとすれば、帰納法が可能であるためには因果性と同じく合目的性が構成的原理の意味を有しなければならぬであろう。カントは類の論理的原理が自然へ適用され得るためには先験的な同質性の原理が前提されねばならぬといったが、帰納法が自然へ適用され得るためには自然の体系的合目的性が予想されねばならぬ。ミルが帰納法の基本的要請と考えた自然の斉一 uniformity of nature というものは自然の体系的合目的性の原理を抽象化したものと見られるであろう。カントは与えられた特殊的なものに対して一般的なものを求めることが反省的判断力の作用であると考えたが、同じように帰納法は与えられた特殊的なものから一般的なものへ行くのである。すべての経験的認識は比較に始まるといい得る。個々の知覚されたものを比較することによって共通の経験的概念は作られ、特殊的な経験的法則を比較することによってより一般的な経験的法則は見出される。ところでカントは自然の合目的性は前提として「あらゆる比較に先行しなければならぬ」といっている。*** かようにして合目的性は単に美的判断あるいは有機体の認識の基礎に過ぎぬというものではなく、あらゆる経験的認識の基礎であるといわねばならぬ。

* Erste Einleitung, II.
** J. Lachelier, Du fondement de l'induction.〔ジュール・ラシュリエ『帰納法の基礎』〕
*** Erste Einleitung, V.

一八

しかしながらただ右のように解するのみではカントの立場をヘーゲルの立場と同じに解することになるであろう。我々がこれまで明らかにして来たことは、カントにおける理性概念としての体系の理念が直観的悟性の論理的構造を有するということ、しかもそれが構成的意味を有しなければならぬということであった。そして実にヘーゲルの理性の論理は直観的悟性の論理であり、カントにおいては単に規制的と考えられたものが彼においては構成的となっている。ヘーゲルの哲学においては「体系」の理念が根本的に構成的である。カントの判断力批判の立場はもとよりヘーゲルの立場と同じであり得ない。カントは一方目的論に重要な意味を認めつつ、他方比量的悟性の立場を持し、直観的悟性の形而上学に陥ることを避けようとしている。目的論はやがて再び取り上げて論ずるごとく直観的悟性の論理を含んでいる。かようにして判断力批判におけるカントの立場は、悟性(比量的悟性)の論理とヘーゲル的な理性(直観的悟性)の論理に立っていると見ることができるであろう。カントは我々の認識能力の秩序において判断力は悟性と理性との間の中間者 Mittelglied の地位を占めるといったが、反省的判断力の論理はかように中間の論理でなければならぬ。しかしかくのごとき論理は、カントのごとく、悟性の原理が構成的であるのに対して、反省的判断力の原理は単に規制的であると考えることによっては成立することができぬ。既に論じたように経験的認識が可能であるためには自然の合目的性の構成的原理であることが要求されているのであり、しかも目的論と因果論との統一が要求されているのである。ラシュリエは帰納法の基礎として因果法の法則と合目的性の法則とを考えたが、それら二つの法則は自然の内的な法則として互いに孤立して存在するのでなく、統一されていなければならない。かようにして反省的判断力の論理はもと構想力の論理でなければならないと私は考える。構想力の論理は悟性の論理と理性の論理とのいわば中間に位する。しかしそれは単に中間的でなく、むしろ両者よりも根源的な論理であって、これに対しては悟性の形式論理はもとよりヘーゲル的な理性の弁証法の論理もすでに形式的であるということができる。カントの反省的判断力の論理は如何にして構想力の論理に発展しなければならず、また如何にして構想力の論理に発展させられ得るであろうか。我々はまずこの問題について考察しなければならぬ。

カントは自然の論理的合目的性を説明するにあたってしばしば「親和」Affinität(Verwandtschaft)という語を用いている。例えば彼はいう、「経験的法則のあの心配になる際限のない不同性及び自然の自然形態の異質性が併せられないで、むしろそれはより一般的な法則の下における特殊的な法則の親和によって、経験的体系としての経験に属する資格を具えているということが、主観的に必然的な先験的前提である。」——純粋理性批判においてはあの連続の原理は親和の原理とも呼ばれている。——しかるに特殊的な法則の親和ないしまた特殊的な自然形態の親和というものは、純粋理性批判の先験的演繹論におけるあの「現象の親和」Affiniät der Erscheinungen とか「多様なものの親和」とかいうものを想い起こさせるであろう。そしてこの場合「あらゆる現象の親和は先験的に規則に基づける構想力における綜合の必然的結果である」、とカントは考えた。* そうであるとすれば、判断力批判にいう特殊的な法則の親和ないしまた特殊的な自然形態の親和も何らか構想力における綜合を予想するのではなかろうか。構想力における綜合は内容的な多様性を滅することのない綜合として、体系の理念が同質性の原理と共に要求するあの特殊化あるいは多様性の原理に適しているであろう。同質性と同時に多様性が存しないならば満足しないというのが構想力の本性である。純粋理性批判におけるいわゆる意識一般の抽象的な立場において考えられた主観的な現象の親和というものは、反省的判断力の具体的な立場においてむしろ客観的に自然の技術として捉えられたと見ることができる。もっともカントにおいては自然の技術は単なる規制的原理として主観的なものと考えられているといわねばならぬが、しかし抽象的な立場において主観的なものが具体的な立場においてはかえって客観的であり、具体的な立場において客観的なものは抽象的な立場においてはむしろ主観的である。自然の論理的合目的性はカントに依ると自然の技術である。カントはいう、「だから反省的判断力は与えられた現象に対して、それを一定の自然物の経験的概念の下にもたらすために、図式的 schematisch にではなく技術的 technisch に作用する、いわば単に機械的 mechanisch に、悟性と感性に導かれる道具のごとく作用するのではなく、芸術的 künstlich に、いわば我々の判断力に都合よく、自然の特殊的な法則が一つの体系としての経験を可能ならしめるのにふさわしく、体系における自然の合目的的秩序の一般的なしかし同時に不定の原理に従って、作用するのである。……従って判断力そのものは先験的に自然の技術をその反省の原理とするのである。**」また曰く、「判断力は本来技術的である。自然はただ判断力のかかる作用に合致し、それを必然的ならしめる限りにおいて技術的として表象されるのである。***」しかるに自然の論理的合目的性が判断力の単なる反省の原理に止まり得ず、構成的意味を有しなければならぬことは、既に論じた通りである。判断力は図式的にではなく技術的に作用するというが、かかる判断力は反省的判断力であって、規定的判断力が図式的に作用することは純粋理性批判の先験的図式論において明らかである。判断力批判第一序論においてもカントは書いている、「一般に経験概念(特殊的な経験的規定を有せざる)がその下において初めて可能であるところの一般的な自然概念に関しては、反省は自然一般の概念において、言い換えると悟性において既にその指示を有し、判断力は反省の特殊な原理を要することなく、このものを先験的に図式化してこの図式をあらゆる経験的綜合に適用するのであって、かかる綜合なくしては如何なる経験判断も可能でないであろう。判断力はこの場合その反省において同時に規定的であり、その先験的図式論はそれにとって同時に、与えられた経験的直観がその下に包摂される規則として役立つのである。(68)」かようにしてカントに依ると、規定的判断力は図式的であり、反省的判断力は技術的である。しかるに前に論じたごとく、先験的図式論は根源的には判断力にではなく構想力に属している。規定的判断力の図式論は生産的構想力の根源的な作用を意識一般の抽象的な立場において反省し形式化したものに過ぎない。カントは先験的図式論の中で図式論を「人間の心の深みにおける隠れた術」eine verborgene Kunst in den Tiefen der menschlichen Seele と称しているが、(69)かかる隠れた術は判断力批判における自然の技術において客観的に明るみに出されたと見ることができるであろう。自然の技術は決して何ら図式的でないというべきものではなく、自然の技術も或る意味において図式的である。ただそれは先験的図式のごとく抽象的なものではなくて Typus（型）とも Stil（様式）とも考え得る具体的なものである。

そして自然の技術も、他のあらゆる技術と同じく、むしろ他のあらゆる技術の原型として、構想力に属するといい得るであろう****。すべての技術は特殊的なものと一般的なものとの、主観的なものと客観的なものとの、イデー的なものと物質的なものとの、自由と必然との、目的論と因果論との綜合である。カントは自然の技術を単に合目的性と考えたが、それは元来因果性と合目的性との綜合であるのであって、かかるものとして構想力に属するといわねばならぬ。判断力批判における問題は実にかくのごとき問題であった。すべての技術は生産的な綜合としてその綜合を具体的に形において表現するのである。構想力の論理は単なる綜合の論理でなく、また形の論理である。形及び形における統一は包摂の能力と見られる判断力に属することができぬ。カントが自然の論理的合目的性の中に考えたのは単に特殊的な経験的法則のみでなく具体的な「自然形態」Naturformen である。経験的法則というものも先験的法則のごとく単に形式的なものでなく、経験的な内容的な法則として、より一般的なものであるにしても自然の形を現している。判断力批判において類とか種とかいうものも単に形式論理的に考えられたのではなく、自然の形として考えられたのである。合目的性の論理は形の論理であるべきであった。ところでカントが自然形態として考えたのは特に有機体であった。このものはそれ自身において一種の合目的性を含んでいる。我々はかかる有機体の問題、また翻って美的合目的性の問題と自然の技術との聯関を更に詳しく究め、進んで道徳的目的論との聯関を明らかにすることによって、反省的判断力の問題が如何にして構想力の論理に発展しなければならぬか、そしてこのものが如何なる意味において悟性の論理と理性の論理との中間の論理であり、かかるものとしてそれが如何なる論理的構造を有し、またこのものが如何なる点においていわゆる目的論の論理的構造と異なるかを明らかにしたいと思う。

＊　本書〔第四章〕第十節（一二五―一二七頁）参照。
＊＊　Erste Einleitung, V.
＊＊＊　a. a. O., VII.
＊＊＊＊　拙著『構想力の論理　第一』における技術の章並びに拙著『技術哲学』〔全集第七巻収録〕参照。

一九

カントは自然の形式的論理的合目的性を自然の技術と称した。自然の技術として見られた自然は彼の言葉に依ると「芸術としての自然」Natur als Kunst である。芸術は技術の一種であり、自然の技術と芸術との間には或る類比が認められるであろう。カントは自然を形式的論理的合目的性に従って考察することは自然を「芸術との類比において」nach der Analogie mit einer Kunst 考察することであるといっている。もっとも彼は自然の技術を自然の形式的論理的合目的性として主観的なものと考えたのであって、自然を芸術との類比において考察する場合、自然は「対象に対する客観的な関係においてではなく、我々の認識能力に対する主観的な関係において判定されるのである。*」かかる主観的なものとして自然の技術は美的合目的性に一致する。しかし自然の技術は単に主観的なものに止まるであろうか。芸術における技術は客観的に物を作るのである。カントは有機体について「有機的技術」organische Technik を考えた。これは自然の技術に属し、この場合自然の技術は「造形的」plastisch と呼ばれ得ると彼はいっている**。有機体は造形的な自然の技術の産物と見ることができ、すぐれた意味における「自然形態」Naturformen である。そしてカントに依ると有機体は「自然目的」Naturzweck であって、自然の内面的客観的合目的性である。かくてまず少なくとも有機体が自然の内面的客観的合目的性といわれる限りの意味において自然の技術は有機的技術として内面的客観的であるといい得るであろう。それにしても自然の形式的論理的合目的性と自然の内面的合目的性とは本来合致し得るものであろうか。カントは自然の技術として自然を見ることは芸術との類比において自然を見ることであるといったが、普通にはカントも書いているように有機体はしばしば「芸術の類比物」Analogon der Kunst と見られている。有機体が芸術との類比において考えられるのみでなく、また逆に芸術が有機体との類比において考えられている。いったい類比の論理とは如何なるものであろうか。これを明らかにすることは、翻って自然の論理的合目的性と美的合目的性との聯関を一層明確にするためにも、進んで自然の論理的合目的性と自然の客観的合目的性即ち有機体との関係を明瞭にするためにも、必要であると思われる。

* Erste Einleitung in die Kritik der Urteilskraft.
** Loc. cit., IX.

今日普通にアナロジーは「類推」と訳されて、(70)論拠の薄弱な、従って論理的価値に乏しい推理と考えられている。しかるに歴史的に見ると、それは古代及び中世の哲学において極めて重要な地位を占めていた論理である。*それが現代において低く見られるようになったのは、その本来の存在論的根柢から離れて形式化されるに至った結果である。類比はもと analogia (*ἀνάλογος, ἀναλογία*) という語の示すごとく下から上へのロゴスである。それは下から上へのロゴスという意味で帰納法に類似している。現代の論理学教科書に類比は帰納法に似てしかも真の帰納法でない推理であると説かれているのもそのためである。ところで既に述べたように帰納法は与えられた特殊的なものに対して一般的なものを見出す反省的判断力に合致するが、同じように類比による推理は反省的判断力に属すると考えることができる。実際カントは『論理学』の中で、帰納と類比は反省的判断力の二つの推理方法であると述べている。「判断力は、特殊的なものから一般的なものに進み、かようにして経験から、従って先験的にではなく（経験的に）一般的判断を引き出すために、一つの種の多くの物から一切の物へ推理するか、あるいは同種の物がそれにおいて一致する多くの規定や性質から、それらが同一の原理に属する限り、爾余の規定や性質へ推理する。——前の推理方法は帰納による推理と呼ばれる。——後の推理方法は類比による推理と呼ばれる。**」ところで既に論じたごとく自然の形式的論理的合目的性は帰納法の基礎であるとすれば、それはまた類比の基礎であると考えることができ、むしろこのものの基礎として本来の意味を有するといわねばならぬであろう。類比は多の中に一を求めることにおいてあらゆる論理と同じであるが、そのさい多を消し多を離れて一を求めるのでなく、多をそのまま認めながら多の中に一を求めるという点において特色を有している。悟性の形式論理は多様な特殊的なものを分析して共通のものを抽出し、これを一般概念として立てることによって統一するのであるが、そのとき特殊的なものの多様性は消されてしまい、一般概念は多様な特殊的なものの外に立てられることになる。しかるに類比においては多様なものがその多様性において認められる。現代の論理学教科書に類推は或る特殊的な場合から他の特殊的な場合を推理すると説かれているのもそのためである。しかし或る特殊的なものから他の特殊的なものを推理することは多の中に一を求めることでなければならぬ。しかもそのさい多が消されることなく認められることが要求されている。かかる要求は一つの形式論理的な類概念に包摂されることをそれ自身において許さない存在の間に現れる。それは例えば中世におけるアナロギアの重要な主題であった神と被造物というごとき異なる秩序のものの間において明瞭に認められるであろう。芸術と有機体との間に類比が考えられるとすれば、かくのごとき関係においてでなければならぬ。悟性の論理による統一が同種のものの統一であるのに対して、類比による統一はむしろ異種のものの統一であり、しかもこの統一においては異なるものの互いに異なることが抹殺されないでそのまま前面に現れている。多は多であることをやめることによって一であるのでなく、かえって多であることによって一であるのである。異種のものとは単に異なる秩序に属するのみでなく、一般にそれぞれ独立なものを意味する。独立なものとは個別的な全体性として分割を許さぬものであり、私が形というのはかくのごときものである。多様な形の多様性における統一は帰納法によってではなく、むしろ類比の論理によって達せられる。帰納と類比とは共に下から上へのロゴスであるにしても、前者は多を消して多の外に一を求めるのに反して、後者は多を認めながら多の中に一を求める点において性質的に異なっている。類比は不完全な帰納法というごときものでなく、かえって帰納法よりも具体的な論理である。

類比の論理の基礎は自然の技術であり、かかるものとして自然の技術は形の論理Logik der Formを現すのでなければならぬ。かかる自然は単なる自然でなく、歴史的自然である。自然も技術的なものとして歴史的である。形の論理はもと構想力の論理であり、カントのいう自然の形式的論理的合目的性は具体的には形の論理として構想力の論理でなければならぬであろう。カントは反省的判断力の技術が自然の技術の基礎であるといっているが、自然の技術の基礎はむしろ構想力の技術であって、反省的判断力はかような生産的構想力に対して既にまさに「反省的」立場に立つものである。構想力の論理はもと行為的直観の論理である。反省的判断力の二つの推理方法と考えられた帰納と類比とにおいて、前者はより多く悟性の論理に、後者はより多く構想力の論理に接近すると見ることができるであろう。

＊　山内得立博士「アナロギア思想の位置」(『体系と展相』)、また Erich Przywara, Analogia entis, 1932.〔エーリヒ・プシュヴァーラ『アナロギア・エンティス(存在の類比)』〕等参照。

＊＊　Logik, Hrsg. v. Jäsche, § 84.〔カント『論理学』ゴットロープ・ベンヤミン・イェッシュ編〕

＊＊＊　例えばドゥンス・スコートゥスにおいては、一なる神と多なる被造物とは全く異なりながら同時に相通ずるものがあるが、かかる一と多との関係は類比において捉えられる。彼

のいう「形而上学的類」genus metaphysicum は多における一、一における多を現すのであって、その基礎は類比の論理である。Vgl. Martin Heidegger, Die Kategorien- und Bedeutungslehre des Duns Scotus, 1916 S. 70ff.〔ハイデガー『ドゥンス・スコトゥスの範疇論と意義論』〕

カント自身、自然の形式的論理的合目的性を形の論理の方向に考えていた。彼は自然の形式的論理的合目的性あるいは自然の特殊化を「多様なものの分類」Klassifikation des Mannigfaltigen の原理と看做した。かような分類はシュタットレルの解したごとく広義における形態学 Morphologie において具体的に問題になるのであり、その場合いわゆる自然的分類 natürliche Klassifikation による自然的体系 natürliches System が求められるのである。かような分類の基礎となるのはクローネルに依ると法則の概念に対する種の概念 Artbegriff である。「生物学的経験は種の概念によって初めて一般に可能になる。従ってその形はあらゆる生物学的研究にとって欠くべからざる思惟手段である。」と彼は書いている。* 法則の概念が構成的であるのに対して、種の概念は分類的である。種はあたかも species, ἰδέα 即ち形として構成的な法則性に分解されることを許さず、分類の基礎となるのである。「多様なものの分類」によって求められるのはクローネルの言葉を借りると「諸々の法則の体系」ではなく「諸々の形の体系」System der Formen である。かような体系は具体的には「自然形態」Naturformen としての有機体の分類において問題になる。カントが純粋理性批判の中で、判断力批判にいう自然の形式的論理的合目的性の概念に相応するところの、体系の理念を論じた個所において、「生物の連続的階段」kontinuierliche Stufenleiter der Geschöpfe について論じているのも偶然ではないであろう。** かような連続的階段、あるいは判断力批判第一序論に依ると「多様なものの分類、即ちその各々が一定の概念のもとに立っている多くの綱目の相互の比較、そして、それらが共通の徴表において揃っている場合、より高い綱目(類)のもとへのそれらの包摂、かくして最後に全体の分類の原理を自己のうちに含む(そして最高の類を形作る)概念にまで達すること」、かような体系は従来、一つの幹から次第に多くの枝に分化発展してゆく樹の形において表象されるのがつねであった。言い換えると、自然の特殊化そのものが有機的な体系として考えられてきたのである。カントに依ると目的論は「自然科学」Naturwissenschaft あるいは「自然の理論」Theorie der Natur に属するのではない、ここではどこまでも機械的説明が求められねばならぬ。「自然の産物において自然の目的を樹《た》てることは、それらの産物が目的論的概念による体系を形作る限り、本来ただ、特殊な手引きに従って nach einem besonderen Leitfaden 作られる自然記述 Naturbeschreibung に属している。***」自然記述は形態学である。その特殊な手引きとは如何なるものであろうか。それは自然の多様な形をその多様性において統一してゆく「形の類比」Analogie der Formen にほかならないであろう。カントは書いている、「かかる形の類比は、それらの形があらゆる差異にも拘らず共通の原型に従って einem gemeinschaftlichen Urbilde gemäss 生産されていると見える限り、共通の原の母 Urmutter からの生産におけるそれらの事実上の親近性の推定を強めることになる」、この原の母からそれらは「一つの動物の類から他の類への階段的な近接によって」生産されたものと考えられる。**** しかし形の論理の本来の領域は自然ではなく歴史でなければならぬであろう。構想力の論理はもと歴史の論理である。形の類比は自然記述よりもむしろ歴史記述に属している。自然も技術的なものとして歴史的なものと見られ得る限り、あるいはいわば「習慣的になった歴史」と見られ得る限り、かかる論理の中に入ってくるのである。

* Richard Kroner, Zweck und Gesetz in der Biologie, 1913, S. 100.〔リヒャルト・クローナー

『生物学における目的と法則』〕

＊＊　Kritik der reinen Vernunft, B696.

＊＊＊　Kritik der Urteilskraft, § 79.

＊＊＊＊　Loc. cit., § 80.

自然の形式的論理的合目的性と内面的客観的合目的性との関係は有機体の構造の分析において一層明瞭になるであろう。自然の形式的論理的合目的性は自然の全体を一つの体系と見るのであるが、有機体はそれぞれにおいて一つの体系を形作っている。有機体はそれぞれ「特殊的な諸体系」besondere Systeme と見られることができる。有機体はカントに依ると自然目的であるが、そのことは「或る物がそれみずから原因であってまた結果である」ということである。例えば樹はまず類の見地において自己が自己の原因であってまた結果である。一つの樹は同じ類の樹から生産され、また同じ類の樹を生産する。かようにしてそれは類の見地からいうと自己自身を生産するのであって、その類において一方結果として、他方原因として、それは絶えず自己自身の中から生産してきたと共に、また自己自身を生産しつつ、類として自己を常に維持してゆくのである。第二に樹は個体としても自己自身を生産する。樹がその生長において自己に附加してゆく物質は、樹がこれをあらかじめ自己以外の自然的機械的関係の供給し得ざる種別的に特有な性質のものに加工するのであって、つまり組成上からいうと自己自身の産物であるところの素材によって自己自身を形成してゆくのである。第三に樹の部分はその一つの部分の維持が他の部分の維持と交互に依存するという意味においてまた自己自身を生産する。葉は樹の産物であるが、逆に葉は樹を維持する。樹の一つの部分が傷つけられると他の部分によって補われる、そこに「自然の自己救済」を見ることができるであろう。かようにして右の三つの点において有機体は自己が自己に対して交互に原因及び結果として関係することは明らかであるが、なおそれのみでは有機体を自然目的として説明するに十分ではない。因果的聯関は単に悟性によって考えられる限り、「絶えず下向する」immer abwärts 系列を形作っている。そこでは自己が結果として、他のものを原因として前提するものは、同時に交互的にこのものの原因であることはできぬ。かような因果的聯関は動力因の聯関 nexus effectivus と称せられている。それに対して目的による因果的聯関が考えられる。これを系列として見ると「下向的と同時に上向的にも」sowohl abwärts als aufwärts 依存関係を伴うのであって、ここではひとたび結果と呼ばれたものが、それにも拘らず上向的に、自己がそれの結果であるものの原因と名附けられるのである。この種の因果的聯関は目的因の聯関 nexus finalis と称せられている。かようにして有機体は目的原因を含むと考えられるが、更にその論理的構造が明らかにされねばならぬ。まず「自然目的としての物には、第一に、部分が(その存在並びに形式において)ただ全体への関係によってのみ可能であるということが要求される。なぜならその物自身が目的であり、従って自己のうちに含まるべき一切のものを先験的に規定すべき一つの概念あるいは理念のもとに把持されているからである。(71)」しかしこれのみでは有機体の合目的性の内面的な合目的性であることを規定することができない。「そこで自然目的にとって第二に、その部分が交互的に彼らの形式の原因及び結果となり、これによって一つの全体の統一に結合されるということが要求される。」かくて簡単に言うと、自然目的においては第一に部分は全体によって可能になると共に、第二に部分は互いに他の部分によって可能となり、これによって全体も可能となるのである。カントは書いている、「かくのごとき自然の産物においては、各々の部分は、ただすべての他の部分を通じてのみ存在すると共に、また他の部分及び全体の為に存在するもの、即ち道具(機関 Organ)と考えられる。しかしこれのみでは十分でなく、……むしろ

各々の部分は他の部分を(従って各自交互的に)生産する機関と考えられるのである。」(72)

ここにおいて有機体(自然の内面的客観的合目的性)と体系(自然の形式的論理的合目的性)の理念との関聯は明瞭である。有機体はその全体と部分の関係において体系の論理的構造を示している。それはまず全体において形の同一性の原理を、次に諸部分において形の特殊化の原理を、更に全体と部分との相互的生産において形の連続性の原理を現している。かようにして形式的合目的性の原理はまた客観的目的論的判断にとって先験的原理であるということができるであろう。

二〇

そこで次の問題は、有機体の合目的性は因果性と如何なる関係に立つかということである。有機体における目的論と自然の因果性における機械論との関係は如何なるものであろうか。カントに依ると、因果性は自然認識の根本原理であり、自然研究は機械論を基礎にするのでなければ「何ら本来の自然認識を与え得ない」のである。従って我々はできる限り自然を機械的因果的に説明することに努めなければならぬ。「自然のもろもろの生産において自然の機械論を除外することなく、それらの説明において自然の機械論を看過しないことは、理性にとって限りなく重要な事柄である。なぜならこれなくては物の本性に対する如何なる洞察も得られないのであるから。いまたとい、或る最高の建築師が自然の諸形態を昔からあるままの姿において直接に制作したとか、あるいはそれらをその過程において連続的に同じ典型に従って形成されてゆくように予定しておいたとかと想定することが許されたとしても、これによって我々の自然の認識はいささかも促進されはしないのである。*」「自然の一切の産物と出来事は、その最も合目的なものでさえも、我々の能力（その制限はこの研究方法の内部においては示し得ない）の許す限り、これを機械的に説明すること」は我々の自然研究の任務である。「実際また自然の理論、即ち自然の現象のその動力因による機械的説明にとって、それを相互の目的の関係に従って考察することによっては、何ら得るところがないのである。**」かようにして自然科学の立場においては有機体についてもどこまでも機械的因果的説明が求められるのは当然のことといわなければならぬ。

* Kritik der Urteilskraft, § 78.

＊＊ Loc. cit., § 79.

しかしながらカントは同時に有機体のまさに有機体としての把握にとって単なる機械論では不十分であることを認めた。彼は有機体について、自然の機械性を全く無視して単なる目的論的説明方法を採ることが「妄想的」schwärmerisch であるのと同様、自然の合目的性を全く否定して単なる機械論に固執することは「空想的」phantastisch であると述べている。有機体も自然の産物である以上、そこに機械的関係が見出されるのでなければならぬ。さもなければそれは自然の産物とはいい得ないであろう。けれども有機体は自然の産物であって同時に自然目的である。かくして我々は一つの同じ物において機械論と目的論とに出会うことになる。ここにおいて「二つの原理の結合の必然性」が生じてくる。機械論的原理と目的論的原理との結合について カントは如何に考えたであろうか。「二つの原理による自然の判定において両者の結合を可能ならしむべき原理は、両者の外に ausserhalb beider（従ってまた可能なる経験的自然表象の外に）横たわるところのもの、しかもかかる自然表象の根拠を含むところのもの、即ち超感性的なもののうちにおかれねばならず、そして二つの説明方法の各々がこれに関係附けられなければならない。しかるにこれについて我々は経験的法則による自然の判定を可能ならしめる根拠という漠然とした概念を持ち得るに過ぎず、その以外には如何なる賓辞によってもこれをより詳しく規定し得ないのであるから、二つの原理の結合は、規定的判断力にとっての、与えられた法則による或る産物の可能性の説明 Erklärung (Explikation) の根拠に基づくのではなく、ただ反省的判断力にとっての、それの解釈 Erörterung (Exposition) の根拠に基づき得るに過ぎぬということが従ってくる。*」「ところで一方機械的、他方目的論的導出の共通の原理 das gemeinschaftliche Prinzip der mechanischen einerseits und der teleologischen Ableitung anderseits は、現象としての自然の根柢におかれねばならぬ超感性的なものである。しかしこれについて我々は理論的見地においては肯定的に規定された最少の概念をも作ることができない。従って原理としてのこれによっては、自然（その特殊的な法則による）が如何にして我々にとって物理的原因の生産の原理並びに目的原因のそれに従って共に可能として認識され得る体系を形作るかは、全然説明することができない、かえってただ、機械論の原理（それは如何なる時にも自然物に対して権利を主張し得る）に依るのみで、目的論的原則に頼ることなしに、その可能性を考え得ない自然の現象が生ずる場合、我々は自然の産物の判定の原理間に起こる見せかけの矛盾に突き当たることなしに、ただ安んじて双方の原理に従って(その産物の可能性が一方もしくは他方の原理から我々の悟性にとって認識し得べきものであるに応じて)自然法則を探究してよいということを前提し得るのである、その故は少なくとも両者が客観的にも一つの原理のうちに結合し得べきものであり得ること(なぜならそれらは超感性的根拠を前提する現象に関係するものであるから)の可能性が確かめられているからである。」「それだから同一の産物及びその可能性に関して、自然の機械性並びに目的論的(意図的)技術性が特殊的な法則による自然の或る共通の上位の原理のもとに unter einem gemeinschaftlichen oberen Prinzip 立っているにしても、この原理は超越的であるからして、我々は我々の悟性の制限のために二つの原理を同一の自然の生産の説明のうちに、この産物の内的可能性がただ目的による因果性によってのみ理解され得る場合(有機化された物質はこの種のものである)においてさえも、結合することはできない。」(73) かようにしてカントは因果論(機械論)と目的論とを結合するものとして両者の上に立つ一つの共通の原理を想定した。そしてこの原理は超感性的なもののうちに、「自然の超感性的基体」das übersinnliche Substrat der Natur のうちに、従って現象に対する物自体のうちにおかれた。かくのごとき原理は、人間悟性の制限の故に我々にとって認識し得ぬものである。我々人間の立場においてはこの一つの共通の原理は因果論並びに目的論の二つの原理にいわば分裂する。これら二つの原理による自然の考察が矛盾しないのは、まずその考察が現象の考察であり、そして二つの原理の結合が現象の超感性的根拠において確かめられているからであり、次にそれらの原理が判断力に関係しているからである。即ち自然のあらゆる産物は機械的な法則によって可能であるということは限定的判断力の格率として、自然の或る産物は単に機械的な法則によっては不可能であるということは反省的判断力の格率として、両者は矛盾なく成立するのである。かくてカントは目的論は構成的原理ではなくて単に規制的原理に過ぎないと考えた。

＊ Kritik der Urteilskraft, § 78.

しかしながら因果論と目的論との結合の問題は更に進んで追及さるべき理由を有している。カントは両者を結合する一つの共通の原理は超感性的なもののうちに横たわり、我々の悟性にとって超越的であると考えたが、ここに彼のいう直観的悟性が現れてくる。このものは因果論と目的論との二律背反に客観的な解決を与え、両者を結合し得る原理を含んでいるかのように見える。直観的悟性に関わる綜合的普遍あるいは具体的普遍の概念は、既に述べたごとく、全体と部分の構造において、体系の理念に合致し、かくてまた有機体の構造に合致しているように思われる。* 直観的悟性の論理は有機体の論理と同様に目的論である。具体的普遍の概念に基づくヘーゲルの弁証法は目的論的な体系であり、その論理は有機体説 Organologie 的であった。直観的悟性の目的論は単なる目的論ではなく、因果論と目的論との統一であるといわれるであろう。しかしカントにとって直観的悟性は我々の悟性でないということは別にしても、かかる統一においては因果論は従属的なものとなり、しかるにそのことは彼において目的論に対して因果論の有する比重に相応しないであろう。彼に依ると因果の原理が構成的であるのに対して目的論は単に規制的であるに過ぎない。しかも目的性は一種の因果性即ち「目的による因果性」Kausalität nach Zwecken であり、因果性の特殊化と見ることができる。** そこで因果論と目的論との統一は目的論の方向においてでなく、むしろ反対に因果論の方向において求めらるべきであると考えることもできるであろう。右に論じたごとく、有機体の問題は自然の特殊化の問題につながり、有機体はこの理念の客観化と見ることができる。そしてカントは書いている、「もし我々が我々に知られている自然の一般的な法則の特殊化における自然の原理にまで突き進むことができるならば、有機化された存在の可能性の十分な根拠がその生産の根柢に或る意図をおくことなしに（従ってその単なる機械論のうちに）、自然の中に伏在し得ないということは、これもまた我々にとって余りに僭越な判断であろう。***」自然の産物の説明にはできる限り自然の機械論を追求すべきであって、この試みをやめるにしても、それは「機械論の道において自然の合目的性と出会うことが自体において不可能であるという故ではなく、かえってただそれが人間としての我々にとって不可能であるという故である。なぜならそれには感性的直観以外の直観、及び自然の叡智的基体――そこから特殊的な法則による現象の機械論でさえもその根拠が示され得るのであるが――についての一定の認識が必要とされるであろう、しかるにかくのごときことはすべて我々の能力を全く超えている。****」これらの文章は因果論と目的論との統一を直ちに目的論の方向において考えることを抑止するであろう。ここに自然の叡智的基体といい、感性的直観以外の直観といわれているのは、知的直観あるいは直観的悟性を想い起こさせるに十分であるが、その原理が機械論であるよりも目的論でなければならぬとは単純に断じ難い。むしろそれは上に引用した文章にあるごとく「両者の外に」ある「共通の上位の原理」であり、このもののうちに目的性と共に因果性の根拠があり、このものから両者が導出され得るのでなければならぬであろう。

＊　拙稿「有機体説と弁証法」（『社会科学の予備概念』）〔全集第三巻収録〕参照。

＊＊　Vgl. Kritik der Urteilskraft, § 71.「……また実際本来の自然目的としての物（我々がそれを必然的にそう判定しなければならぬごとき）にとって、物質的自然あるいはその叡智的基体のうちに含まれ得ないところの全く別種の根源的因果性 eine ganz andere Art von ursprünglicher Kausalität 即ち或る建築的悟性 ein architektonischer Verstand がその根柢に横たわるか否か、これについては、因果性の概念に関して、それがア・プリオリに特殊化さるべきである a priori spezifiziert werden soll 限り、甚だ狭く局限されている我々の理性は全く何らの教示も与え得ないのである。」

＊＊＊　Kritik der Urteilskraft, § 75.

＊＊＊＊　Op. cit., § 80.

もっともカントの掲げた直観的悟性の綜合的普遍の論理が目的論的構造のものであることは否定し難い。また彼は因果論を目的論に対する「従属的な」「手段」とも見ているのである。＊即ち我々は自然法則を「原理としての目的の下に」考えることができる、「目的が或る種の物の可能性の根拠として考えられる場合、我々はまた手段を想定しなければならないが、このものの作用法則はそれ自身としては目的を前提する何物をも必要とすることなく、従って機械的であって、しかも意図的な結果の従属的な原因であることができる[74]」、自然は有機的形態を生産するために機械的関係そのものを「利用」する、それは機械論を「意図的に作用する原因のいわば道具として」使用するのである。かくのごとき見方は自然を人間の芸術的あるいは技術的活動との類比において考えることであると言い得るであろうが、その場合においても、目的というものが単に主観的なものと考えられ、擬人化されさえする危険があることは別にしても、なお依然として如何にして機械論が目的論と合致して作用し得るかという問題は残される。カントはいっている、「自然の機械論が自然におけるそれぞれの目的意図に対する手段として如何ほどのことを為すかは全く不定であり、また我々の理性にとって永久に規定し得ないことである。しかも上述のごとき自然一般の可能性の叡智的原理の故に、自然がどこまでも二種の一般的に調和する法則(物理的法則及び目的原因の法則)に従って可能である durchgängig nach beiderlei allgemein zusammenstimmende Gesetzen (den physischen und den der Endursachen) möglich sei ということは、想定され得る、もっとも我々はそれが如何に行われるかを洞見し得ないのである。[**]」

* Vgl. Kritik der Urteilskraft, §§ 68, 78, 80, 81.

＊＊ Op. cit., § 78.

いずれにしてもカントは目的原因と物理的原因との結合の必然性を認めた。けれどもその結合の原理は自然の叡智的基体のうちに存する故に我々の悟性にとっては認識し得ないものであると考えた。かように比量的悟性の立場において規定され得ないものも直観的悟性の立場においては規定され得ると考えることができるであろう。直観的悟性とはもと、我々人間の立場において一は認識の内容を、他は認識の形式を与えるものとして分離されている直観と悟性との統一である。カントに依ると我々の直観は感性的であり、我々の悟性にとって内容は外から与えられるのであるが、直観的悟性においてはみずから内容をも生産するのである。かくのごとき直観と悟性との統一は如何にして考えられるであろうか。ここに私はフィヒテの知識学において占める生産的構想力の地位を想起する。フィヒテに依ると自我は自己を自己に対して定立する。かくして定立された非我は物自体ではなく、かえって客観である。客観はただ主観に対してのみ存在し、主観はただ客観との区別においてのみ可能である。従って自我は間接的に客観あるいは主観を定立するということになる。主観と客観とは対立する、客観は主観の否定によって定立され、逆に主観は客観の否定によって定立される。自我は客観を定立し、従って主観を否定し、自己自身の活動を制限し、自己のうちに受動を定立し、そしてこの彼の受動を実在根拠としての客観に関係附けねばならぬ、言い換えると、彼のうちに非我の自我から独立な実在性の表象が生じなければならぬ。また自我は主観を定立し、従って客観を否定し、その活動を制限し、受動を客観のうちに定立し、そしてこの受動を実在根拠としての主観の活動に関係附けねばならぬ、言い換えると、自我は自己自身の活動を客観のうちに定立された受動の原因と見なければならず、従って自我の非我から独立な実在性の表象即ち自由の表象を作り出さねばならぬ。かくして間接的定立は表象作用あるいは構想作用 Einbilden である。非我は自我のうちに定立された受動の実在根拠ではなく、かかる実在根拠として表象されあるいは構想されるにとどまる、それは物自体としてではなくて自我の必然的な表象としてかかる実在根拠である。この表象を自我は必然的に自己自身の中から生産する、従って間接的定立は表象を生産する能力として、即ち生産的構想力として規定されねばならぬ。かかる能力がなければ、非我の実在性についての表象も、主観と客観の間接的定立も、自我と非我との相互限定も、両者の結合も、両者の対立も、およそ自我というもの、精神というものは存在しない。「この驚異すべき能力なしには人間精神における何物も説明されない――そして人間精神の全機構は容易にそれを基礎とすることができるであろう。」とフィヒテは書いている。* 理論的自我は完全な自発性をもって客観に関係する自我の活動を要求する、この活動は独立的であって同時に制限されている。それが独立的であるというのは、それが何物によっても制約されることなく、むしろ一切によっても制約されることなく、むしろ一切がそれによって制約されあるいは定立されるということである。自我の独立的な活動はそれ故に必然的に生産的である。一切はその所産である。同時にこの活動は制限されていなければならぬ、それは自己が関係する対象を持たねばならぬ。自我の活動は独立的である故に生産的であり、制限されている故に客観的であり、客観を持っている。それは同時に双方でなければならないのであるが、そのことは自我の活動の所産が同時にその客観であるということによって可能である。客観というのは自我に対して他の所産として現れるものである。従ってかの自我の活動はそれにとって自己自身の所産が他の所産としてあるいは自己の外部の物として現れるような活動でなければならぬ。しかるに私の所産は、私が私の活動においてこの活動を反省することなく、従って私が私の活動においてこの活動を私のものとして意識していない場合、かかるものとして私に現れることができる。言い換えると、自我の無意識的な生産活動においてのみ自己自身の所産が他の所産として現れることができる。この無意識的な生産は意識の基礎であり、それによってのみ意識が可能になる条件である。意識は自己のうちに無意識的な活動を前提する。なぜなら意識は自己自身の活動に対する反省によって可能になるのであるから、それに対する反省において意識が生ずるところの活動はそれ自身意識的であることができぬ。かかる無意識的な生産が構想力にほかならない。生産的構想力は意識の、自我の条件である。フィヒテは書いている、「かくてここではあらゆる実在性――もちろん我々にとっての実在性の意味であって、先験哲学の体系においてはそれ以外の意味はあり得ない――が単に構想力にとって生産されるということが説かれる。私の見る限り同じことを説いている我々の時代の最も偉大な思想家の一人は、これを構想力による欺瞞と称している。しかるにあらゆる欺瞞には真理が対立させられねばならず、あらゆる欺瞞は避けられねばならない。ところが現在の体系において証明さるべきように、かの構想力の作用が我々の意識の、我々の生命の、我々にとっての我々の存在の、即ち自我としての我々の存在の、根柢であるということが証明される場合、構想力の作用は、我々が自我を捨象すべきでないならば、取り除き得ない、自我を抽象するということは抽象するものが自己を捨象することは不可能であるという理由で矛盾である。従って構想力の作用は欺かない、かえってそれは真理を、唯一の可能な真理を与える。それが欺くと仮定することは、自己自身の存在を疑うことを教える懐疑論に基礎を与えることである。**」自我は非我によって限定されたものとして自己を定立する、即ちそれは生産的構想力である。しかしそれは構想力であるというのみでは十分でない、この構想力はまた対自的 für sich にならねばならぬ、言い換えると、自我はこの彼の活動を意識に高めなければならない。かくしてフィヒテのいう「人間精神の実際的歴史」die pragmatische Geschichte des menschlichen Geistes が叙述されねばならぬ。この課題はシェリングの先験的観念論において、ヘーゲルの精神現象学において継承され発展させられた。「フィヒテの説の全範囲において如何なる点も、生産的構想力による理論的自我の基礎附けよりもより大きな射程を有するものはない。ここから知識学はその牽引力をノヴァーリスやフリートリヒ・シュレーゲルに及ぼし、ひとときは構想力の力を神と崇めた浪漫学派の精神にとって自己と近親の哲学と思われた。カントが彼の先験的統覚の説によってフィヒテに対すると同じ関係が、フィヒテが彼の構想力の理論及び展開によってシェリング並びにヘーゲルに対(75)

する関係に存在する。」とクーノー・フィッシェル〔フィッシャー〕は述べている。(76) 直観的悟性あるいは知的直観というものは構想力を基礎とすることなしには不可能であるように思われる。しかるに知的直観の哲学は本質的に目的論的体系であった。私のいう構想力の論理は直観的悟性の論理と同じではない。それはいわば悟性の論理と理性の論理との中間の論理であり、しかもそれがむしろ根源的な論理であって、理性の論理の目的論はそれに対してはかえって形式的であると考えられるであろう。

* Fichte, Grundlage der gesamten Wissenschaftslehre, Werke, Hrsg. v. Medicus, I. S. 402.〔フィヒテ『全知識学の基礎』フリッツ・メディクス編『フィヒテ全集』第一巻〕

** Op. cit., S. 420.

因果論と目的論との統一が存在しなければならぬということは、単に有機体に関してのみでなく、まず何よりも人間の技術に関して考えられることである。カントはこの統一を超感性的なもののうちに想定したのであるが、それは人間の技術において経験的現実のうちに与えられている公然の秘密である。そしてカントに依ると我々の判断力にとって因果論と目的論との二つの異種的なものとして存在するものを結合する原理、両者がそれから導出されるような一つの共通の原理、それは構想力の原理ではないであろうか。今さしあたり私は彼が純粋理性批判あるいは人間学において、我々にとっては感性と悟性との二つの異種的なものとして存在するものの一つの共通の根を仮定していたことを想起する。* 「人間の認識には二つの幹がある。それらは恐らく一つの共通の、しかし我々には知られない根から生じたもので、感性と悟性とである。前者によって我々に対象が与えられ、後者によってそれが思惟されるのである。[77]」「悟性と感性とは、種類を異にするにも拘らず、あたかも一が他から、あるいは両者が一つの幹から生じたかのように我々の認識を作るためにおのずと親和する。[78]」かかる感性と悟性との「共通の根」gemeinschaftliche Wurzel として構想力を考えることは、直観的悟性が構想力を基礎とするところからも可能であろう。あたかもそのように機械論と目的論とを結合する「共通の原理」gemeinschaftliches Prinzip は構想力の原理であると考え得るであろう。それにしてもこの原理の本性は如何なるものであろうか。とりわけそれと目的論との関係は如何に規定されるであろうか。カントは機械論と目的論とを結合する共通の原理を自然の叡智的基体のうちに考え、このものは「理論的見地においては」in theoretischer Absicht 認識し得ないといっている。** ここに当然、実践的見地が問題になってくる。この問題はカントが判断力批判の終において取り扱った歴史的合目的性の問題に関聯してくる。そこで我々は更にこの問題に立ち入って考えてみなければならぬ。これによって我々がこれまで単に示唆するにとどまったものあるいは未解決のままに残してきた種々の問題に解明と解答を与え得るであろう。

*　本書〔第四章〕第十節（一三〇—一三一頁）参照。

**　Vgl. Kritik der Urteilskraft, § 78.

二一

有機的合目的性は美的合目的性と同じく特殊的なものにおける合目的性である。美的判断は単称判断であるというごとく、美と考えられるのは特殊的なもの、個々の芸術品もしくは個々の自然物である。同じように自然の内面的実質的合目的性と考えられたのは特殊的なもの、個々の有機体である。しかるに自然の論理的合目的性は体系の理念として全体の自然について考えられるものである。いまもし有機体は自然の論理的合目的性の特殊的なものにおける客観的な実現と見ることができるとすれば、かかる実現を全体の自然について考えることはできないであろうか。自然の論理的合目的性は体系の理念としてこれを要求するのではないであろうか。この場合自然の全体がいわば有機体と見られることになる。知的直観の哲学は実際にシェリングにおいてこのような方向に発展した。しかしこれは、自然に関して機械論を構成的原理と考え、ただ単に機械的な法則によっては不可能と考えられる特定の自然物についてのみ目的論を規制的原理として使用することを認めたカントの立場ではあり得ないであろう。「我々にとって自然は全体として有機的なものとしては与えられていない」と彼はいっている。それにしてもすでに自然の一部に合目的性を現す有機体の存在が認められるということは、ひいて全体の自然を目的の体系として考え得る可能性を示すものではないであろうか。「ひとたび我々が自然において我々にはただ目的原因の概念によってのみ考えられ得るごとき産物を生産する能力を発見したならば、一歩を進めて、その可能性に対し盲目的に作用する原因の機械性を超えて他の原理を探し求めることを何ら必要ならしめないようなものをも、なお一つの目的の体系 ein System der Zwecke に属するものとして判定してよいのである。なぜなら前者の理念はすでに、その根拠に関して、我々を感性的世界のかなたへ導いてゆくからである、いったい超感性的原理の統一 die Einheit des übersinnlichen Prinzips は単に或る種の自然存在に対してのみでなく、また体系としての自然全体に対しても同じ仕方で妥当すると見られねばならないからである。*」しからばかような目的の体系は如何なるものであろうか。

＊ Kritik der Urteilskraft, § 67.

この目的の体系に対する手懸かりが有機体にあることは今引用した文章によって明らかである。ところで有機体の論はいわば二つの面をもっている。第一に純粋に論理的に見ると、有機体は全体と部分との一定の論理的関係において成立する。その論理はいわゆる綜合的普遍あるいは具体的普遍の論理である。第二に有機体における合目的性は、目的という語が普通にそうであるように、何らか実践的なものとの関係を思わせる。カントは有機体の解明に当たってはしばしば意図という語を用いた。有機体を自然目的と見ることは「意図をもっての生産」Erzeugung mit Absicht と考えることである。すでに Organismus（有機体）という語が *ὄργανον*, Organ（道具）という語に由来することは、有機体を何らか実践的概念をもって考えるように導くであろう。道具は目的に対する手段を意味する。かくして全体と部分との純粋に論理的な関係は目的と手段との意図的な関係に翻訳される。カントは有機体を定義して、「自然の有機化された産物とは、それにおいてはすべては目的であると共に交互にまた手段であるところのものである。何物もそれにおいては無駄でなく、無目的でなく、あるいは盲目的な自然の機械論に帰すべきではない。」(79)と書いている。有機体は、自然の「盲目的な」因果性に対して、「悟性的な存在」ein verständiges Wesen によって生産されたかのように見られる。ところで有機体の論に含まれる右の二つの面はカントにおいてイデーという概念をもって統一的に表現されている。有機体においては何物も無駄でなく、無目的でないのは何に依ってであるか。彼はいう、「イデーがその自然の産物の可能性の根柢に横たわらねばならぬ。しかるにイデーは、物質がそのものとして何ら一定の結合の統一を供し得ぬ物の多数性であるのとは異なり、表象の絶対的統一であるから、かのイデーの統一がかくのごとき結合されたものの形式の因果性に対して、自然法則のア・プリオリの規定根拠として役立つべきであるならば、自然の目的はその産物の中に存するすべてのものの上に拡げられねばならぬ。けだしひとたび我々がかくのごとき作用を全体として超感性的な規定根拠に自然の盲目的な機械論を超えて関係附けるならば、我々はそれをまた全くこの原理に従って判定しなければならないのであって、かくのごとき物の形式をなお一部分機械論に依存すると考える理由は存在しない、なぜならその場合には異質的な原理の混合のために何ら確かな判定の規則がなくなってしまうからである。*」即ち有機体の根柢にイデーが見られ、イデーによって有機体は可能になると考えられる。有機体の形式、その統一、その形は、イデーを現すのである。しかるに有機体がイデーを現すとすれば、イデーはその論理的構造において綜合的普遍あるいは具体的普遍と考えられねばならぬ。言い換えると、イデーは直観的悟性の論理において考えられることになる。直観的悟性は「綜合的普遍(全体そのものの直観)から特殊へゆく、即ち全体から部分へゆく。従ってかかる悟性とその全体の表象は部分の結合の偶然性を自己のうちに含まない。」綜合的普遍においては一切が必然的であって、何らの偶然も存しない。それ故にイデーが綜合的普遍であるとすれば、有機体においては実践的あるいは価値的見地においても何物も無駄でなく、無目的でないと考え得るのである。イデーは超感性的なものとして自由に基づくもの、実践的なものと見られる。それのみでなくイデーは実践的なものと理論的なものとを結合すると考えられる。「イデーは恐らく自然概念から実践的概念への移行を可能ならしめ、かくして道徳的理念そのものに理性の思弁的認識との調和と聯関とを与え得る。**」とカントはいっている。そこで有機体を合目的的なものと見ることは自然のうちに自由を見ることであり、一般に目的論は自然の立法者としての理論理性と道徳(自由)の立法者としての実践理性を統一するものであると解釈することができるであろう。***しかし我々はここに重大な問題に出会わなければならぬ。いったい自由は目的論的構造のものであって宜《よ》いのか。直観的悟性の立場に立つヘーゲルのイデーの哲学、具体的普遍の哲学は、まさにそのように自由を目的論的構造において把握したのである。カントは「偶然的なものの合法則性」die Gesetzmässigkeit des Zufälligen が合目的性と呼ばれると定義した。我々の悟性は比量的であり、その普遍は分析的普遍であって、そこでは普遍と特殊との間に越え難い偶然性がある。合目的性は偶然的なものの合法則性であるとすれば、目的論の論理は直観的悟性に属する綜合的普遍の論理でなければならぬ。もっともカントに依ると直観的悟性は「欠くべからざる理性理念ではあるが、人間悟性にとっては達し得ざる問題的な概念である。」しかし理論的見地において達し得ざるものも、実践的見地においては達し得ると考えられるであろう。純粋理性批判において問題的な概念であった物自体が実践理性の立場において解決されたといわれるならば、有機体の根拠と考えられた超感性的基体の問題も実践理性の立場において解決されるといい得るであろう。ところでその場合、自由は目的論的なものとなりはしないか。有機体を合目的的なものと見ることは自然の根柢に自由を見ることであるとすれば、自由は目的論的構造のものでなければならぬように思われる。しかるにそれはかえって自由を否定することになりはしないであろうか。判断力批判における道徳的目的論と称せられるものは果たして如何なるものであろうか。

＊　Kritik der Urteilskraft, § 66.

＊＊　Kritik der reinen Vernunft, B386.

＊＊＊　次の言葉は注目に値する。「目的の体系的統一は……実践理性を思弁的理性と結合する」Vgl. Op. cit., B843.

既にいったごとく、カントは我々にとって自然は全体として有機的なものとしては与えられていないと考えた。従って自然全体を目的の体系と見ることは、これを一つの大きな有機体と考えることではない。言い換えると、それはさしあたり自然全体を直観的悟性の論理に従って内面的実質的合目的性として考えることではない。しかし全体の自然を目的の体系として考える手懸かりは有機体の根拠のうちに含まれているとすれば、その見地は目的、手段の関係でなければならぬ。即ち目的の体系は実践的な見地において考えられるのである。しかもこの場合カントによると合目的性は外面的合目的性である。「外面的合目的性とは、自然の一つの物が他の物のために目的に対する手段として役立つようなものをいう。(80)」このとき目的の位置に立つのは自然目的としてみずから内面的合目的性を有するもの、有機体である。例えば土、空気、水等は山嶽の累積に対して手段と見られることはできない。ただこれらの内面的合目的性を有せぬものも、植物のごとき有機体即ち自然目的に対しては手段と見られることができる。そして植物は草食動物のために、草食動物は肉食動物のために、それらすべては人間のために存在すると見られることができる。かようにして自然を外面的合目的性に従って体系化してゆくことが可能であろう。外面的合目的性の体系が可能であるのは、自然のうちに内面的合目的性を有するものが存在するためである。けれどもそれだけでは目的の体系は真に体系となることができぬ。外面的合目的性は相対的合目的性にほかならないからである。なぜなら植物は草食動物のために、草食動物は肉食動物のために、それらすべては人間のために存在すると考え得ると共に、逆に、草食動物は植物の繁茂を調節するために、肉食動物は草食動物の貪食を制限するために、また人間は肉食動物の跳梁を鎮圧するために、かくてすべては植物の適当な繁茂のために存在するとも考え得るからである。如何なる自然物も相対的目的以上のものであり得ない。しかるに全体の自然が真に目的の体系を形作るためには、一切がそれに向かって統一される一つの「最後の目的」がなければならぬ。しかも有機体は自然目的ではあるが、自然の目的ではないのである。「或る物をその内面的形式の故に自然目的 Naturzweck として判定することは、この物の存在を自然の目的 Zweck der Natur と考えることとは全く別のことである。」自然の目的を主張するためには、「単に或る可能な目的の概念ではなく、自然の究極目的 Endzweck (scopus) の認識が必要である。そしてそれは我々の一切の目的論的自然認識を遥かに超えるところの、超感性的な或るものへの自然の関係を必要とする。けだし自然そのものの目的は自然を超えて求められねばならないのであるから。」とカントは書いている。* 究極目的は自然によって作られ得るものではない。なぜならそれは無制約的なものであり、しかるに、自然における一切はつねに制約されたものであるから。究極目的は自然を超えたものでなければならぬ。それは絶対的な目的として、如何なる他のものに対しても最早や手段とは考えられぬものである。かくのごとき究極目的はカントに依ると道徳的存在としての人間にほかならない。「道徳的存在としての人間については最早や、彼は何のために(quem in finem)存在するか、と問うことができぬ。[81]」彼は自己目的Selbstzweckである。もとより人間といえども、感性的存在としては、自然における一物、単に一つの有機体としては、かかるものと考えられ得ない。究極目的は「叡智体」Noumenonとしての人間、「超感性的能力(自由)」ein übersinnliches Vermögen(die Freiheit)を有するものとしての人間、即ち「道徳の主体」Subjekt der Moralität としての人間である。「ところで世界の事物は、その存在において依存的なものとして、目的に従って行動する最高の原因を必要とするとすれば、人間こそ創造の究極目的である。なぜならこのものなくしては互いに従属的な目的の連鎖は完全には基礎附けられないであろうし、そしてただ人間においてのみ、しかもただ道徳の主体としての人間においてのみ、目的に関する無制約的立法を認め得るのであり、従ってこれが初めて人間をして全自然の目的論的に従属している究極目的であることを得せしめるのである。**」かようにして自然における互いに従属的な目的の連鎖は自然の究極目的の認識によって初めて完全に基礎附けられる、なぜなら自然における目的の連鎖において最後の目的としてこれを体系に完結せしめるものは、自然の究極目的に関係して可能になるのであるから。自然の「最後の目的」letzter Zweck の概念と「究極目的」Endzweck の概念とは区別しなければならぬ。自然の最後の目的は自然の目的論的連鎖における最後の項として内在的であるのに反して、究極目的は自然を超えて超越的である、その認識は「我々の一切の目的論的自然認識を遥かに超えている。」しかも自然の最後の目的の概念は究極目的の概念を俟って可能になる。超越的なものは内在的なものの根拠である。人間が自然の究極目的であるということが人間を自然の最後の目的として見ることを可能にするのである。二つの場合共に人間が考えられるにしても、自然の究極目的は道徳の主体としての人間であり、自然の最後の目的は人間における文化である。「ただ文化が最後の目的であり得る」とカントはいっている。かようにして人間は目的の概念に関して三様に見られることになる。第一に人間は他の有機体と同じく有機的存在として「自然目的」である。しかし人間は自然目的であるのみでなく、第二にまた自然の「最後の目的」であり、「これに対する関係においてあらゆる他の自然物は目的の体系を形作る」のである。かかる自然の最後の目的は人間の文化である。しかるに第三に人間が自然の最後の目的であるということは人間が自然の「究極目的」であることによって可能である。究極目的は自然を全く超えたものであり、人間はただ道徳的存在即ち自由な主体としてかかるものである。そこで文化とは何をいうのであろうか。人間の文化は人間の幸福と同じではない。幸福は人間が自然の物としておのずから求めるものである。それは「実に彼自身の最後の自然の目的(自由の目的ではない)ではあるが、彼によって決して達せられない」ものである。なぜなら人間の幸福への欲望は決して満たされることがないという性質をそれ自身において持っている。他方自然は人間を幸福に関して特別の寵児として選び、他の動物にまさってその慈愛に浴せしめるということはない。幸福を求めるものとして人間は「つねにただ自然目的の連鎖における一項に過ぎない」のである。幸福は自然の最後の目的であることができぬ。人間を自然の最後の目的として考えるためには、「人間が究極目的であるためにみずから為さねばならぬことに対して、彼を準備するために、自然が為し得るもの」を探し出さねばならぬ。ところで幸福は地上における人間のあらゆる目的の「内容」Materie であるが、これを彼の全目的とするとき、彼は自己の存在の究極目的を立ててこれに合致することはできない。従って自然における人間のあらゆる目的のうち自然の最後の目的と見られ得るのはただ、「自己自身に一般に目的を立て、そして（彼の目的規定において自然から独立に）自然を、彼の自由な目的一般の格率に適合して、手段として使用する有能性 Tauglichkeit という、形式的主観的制約」のみである。そして「理性的存在の任意の目的一般に対する（従って彼の自由における）有能性の産出が即ち文化である。[82]」それは自然が自己の外に横たわる究極目的に関して遂行するところであり、従って文化は自然の最後の目的である。かようにしてカントは自然に文化的合目的性を認めた。そしてあたかも有機体においてて何物も無目的でなく、無駄でないと考えられたように、「世界におけるすべてのものは何かのために役立つのであり、何物もそこにおいて無駄でない」と考えられるのである。しかも文化的合目的性は道徳あるいは自由を根拠としてのみ可能である。文化が自然の最後の目的であり得るのは、自然の究極目的である道徳への関係においてである。人間の目的は文化にあるのでなく、文化の目的が人間（道徳的存在としての）にあるのである。文化的合目的性は究極において道徳的合目的性である。それは人間の道徳的自覚において成立するのである。カントはいう、「人間は悟性を、従って自己自身に随意に目的を立てる能力を有するところの、地上における唯一の存在として、自然の適格の主人であり、そしてこの自然を目的論的体系として見るならば、その規定において自然の最後の目的であるが、しかしかかることはつねにただ、彼がそれを理解して、自然並びに彼自身に対し、自然から独立にそれ自身十分であり得るごとき、従って究極目的——このものは自然のうちに決して求められてはならぬ——であり得るごとき目的関係を与える意志を持っているという条件のもとにおいてである。(83)」人間は道徳的自覚において自然を合目的的なものとして判定するのである。彼の道徳的自覚における「汝為し能う、汝為すべきが故に。(84)」Du kannst, denn du sollst. という確信において自然は合目的的として判定される。

* Kritik der Urteilskraft, § 67.

** Vgl. a. a. O. § 84.

*** Vgl. a. a. O. § 83.

ところで文化的合目的性は、歴史的合目的性にほかならない。それはカントに依ると「人間性の発達」における合目的性である。文化は目的一般に対する有能性であり、この目的は人間が自然との結合によって促進さるべきものである。かかる目的一般の促進に対する有能性の重要な主観的制約は、一方において練達の文化 die Kultur der Geschicklichkeit であり、他方において訓練の文化 die Kultur der Zucht (Disziplin)

である。後者は欲望の専制からの意志の解放に存する。これによって意志は、目的に対する有能性の全範囲にとって本質的に重要な、目的の規定と撰択とにおいて促進されるのである。この文化の要求に関して、諸々の傾向性の暴政を次第に減殺して、理性の支配に対して人間を準備する「自然の合目的的な努力」が存在している。諸々の傾向性のために生ずる禍は、同時に精神の力を喚起し、増進し、錬磨して、我々をしてそのような傾向性に屈服しないで、自然の与え得るよりもより高い目的を受け容れさせるようにする発達を結果することが認められるのである。また第一の練達の文化は人間の間の不平等を介して発達させられる。即ち一方生活に必需のものの生産にひまなき階級があり、他方そのために閑暇を与えられて学問や芸術に携わり得る階級がある。しかも後者の文化は前者の上にも拡がってゆく。しかるにかかる文化の進歩につれて禍は両者の側において、前者は他の者の侵害によって、後者は内的な不満によって、同じように増してくる。「しかもこの輝かしい悲惨 das glänzende Elend は人類における自然的素質の発達と結び附いているのであって、自然そのものの目的は、たといそれが我々の目的でないにしても、その際達せられるのである。(85)」自然が自己の究極意図を達し得るための形式的制約は、個人の互いに矛盾する自由の破壊に、市民的社会 bürgerliche Gesellschaft と呼ばれる一つの全体における合法的強力が対抗するということである。人間の自然的素質の最大の発達はこの市民的社会あるいは国家のうちにおいてのみ生じることができる。しかし更に、国家は互いに他を侵害する危険があるから、その防止のために一つの世界市民的全体 ein weltbürgerliches Ganze 即ちすべての国家の一つの体系が必要である。最も恐るべき戦争も、「諸国家の自由に関する合法則性を、かくして諸国家の道徳的に基礎附けられた体系の統一を、樹立しないまでも準備するところの、人間の無意図の(拘束なき激情に駆られた)企てであると共に、最高の叡智の隠れた、恐らく意図的な企てである。」とカントは書いている。[*] かくのごとき彼の思想はヘーゲルのいわゆる理性の狡智 List der Vernunft を想起させるに足りるであろう。そして判断力批判に現れた右の思想は明らかにカントの歴史哲学的諸著即ち『世界市民的見地における一般史考』、『人間歴史の臆測的始源』、『永久平和論』等につながっている。ここでは人間種族の歴史は「自然の隠れた計画の遂行」と見られる。その立場は「目的論的自然論」teleologische Naturlehre にほかならない。[**] 個々の人間は、全体の民族でさえも、めいめい気儘に、互いに他に反対して、自己の意図を追求すると思いながら、実は無意識的に「自然の意図」を実現するために働いているのである。自然がその意図を成就するために用いる手段は「非社交的社交性」であり、この矛盾したものから結局合法則的な秩序が結果する。かように人間の矛盾を通じて彼らの意志に反してさえ調和をもたらすものは「大なる芸術家・自然」die grosse Künstlerin Natur (natura daedala rerum) である。*** この自然が純粋理性批判やプロレゴメナで論じられた自然と全く異なることは明瞭であろう。それは歴史的自然というべきものである。そしてそれがロマンティークの哲学における自然に類似することは言うまでもないであろう。

＊　Kritik der Urteilskraft, § 83.

＊＊　Vgl. Idee zu einer allgemeinen Geschichte in weltbürgerlicher Absicht, WW. (Akademie Ausgabe) VIII, S. 18.〔カント「世界市民的見地における普遍史の理念」アカデミー版『カント全集』第八巻〕

＊＊＊　Vgl. Zum ewigen Frieden, WW. VIII, S. 360.〔カント「永遠平和のために」アカデミー版『カント全集』第八巻〕

二二

　さて歴史的自然は、純粋理性批判において論じられたごとき対象的に見られた自然ではなく、主体的に見られた自然である。「大なる芸術家・自然」というのはその意味でなければならぬ。有機的生命的自然もかかる歴史的自然の問題として考えらるべきであろう。歴史的自然は形成的自然であり、自然の技術というものは元来これに関係している。ところでカントはかかる歴史的自然の問題を合目的性の問題として捉えた。合目的性の問題は単に自然の問題でなく、自然と自由あるいはイデーとの結合の問題である。カントに依ると、有機体はその根拠に関して叡智的基体を前提するが、有機体の存在の事実はひいて全自然の根柢に「創造的悟性」ein schaffender Verstand を考えさせる。しかるにかようにして歴史的自然を合目的的と考えることはかえって、自由を否定することになりはしないであろうか。我々はカントの歴史哲学的諸著のうちに、また判断力批判のうちにも、ヘーゲルのいう理性の狡智に類似する思想が存することを指摘した。これによって世界の合目的性は救われるにしても、人間の自由はその際幻想的なものになってしまわねばならぬ。個々の人間は、全体の民族でさえも、めいめい自由に活動していると思いながら、実は自然の意図の遂行のための傀儡になっているに過ぎない。カントは合目的性とは偶然的なものの合法則性であると定義した。比量的悟性あるいは分析的普遍の立場において偶然的なものは、直観的悟性あるいは綜合的普遍の立場において合法的なもの、従って必然的なものと見られるのである。目的論の論理は直観的悟性の論理、綜合的普遍の論理である。しかるにこの論理は個体の独自性と自由とを否定することになる。*カントはいっている、「ところでその存在あるいは形式が目的の制約のもとにおいて可能として表象される物の概念は、その偶然性(自然法則から見た)の概念と不可離に結び附いている。**」合目的性の概念は偶然性の概念と結び附かねばならぬ。悟性の立場においてはどこまでも偶然的なものがあるから、合目的性は考えられるのである。スピノザは一切の自然形態を実体に内属する様態と見た。かかる基体的根拠の想定は、あらゆる偶然性を消滅させると共に合目的性をも否定することになった。しかるに悟性の論理において偶然的なものの合法則性を直観的悟性の論理によって考えることは結局同じように、あらゆる偶然性を消滅させると共に合目的性をも否定することになるであろう。この場合においても、すべてが必然的であるなら、真に実践的な意味における合目的性は考えられない。簡単に言うと、直観的悟性の論理によっては目的論さえも成立し得ないのである。もっともヘーゲルのイデーは実体 Substanz ではなく主体 Subjekt である(86)といわれるであろう。けれどもこのイデーの論理が綜合的普遍の論理である限り、イデーの哲学は最も現実的な意味における自由の哲学、歴史の哲学であり得ず、真に行為的な意味における合目的性を基礎附け得ない。合目的性の概念は偶然性の概念と不可離に結び附いているのであって、そこにはいわゆる目的論的意味においても偶然的なものがあるのでなければならぬ。真に行為的に考えられた合目的性は単なる目的論ではない。かようにして私は合目的性の概念も直観的悟性の論理によってではなく、構想力の論理によって基礎附けられねばならぬと考える。

* Vgl. E. Lask, Fichtes Idealismus und die Geschichte.〔エーミール・ラスク『フィヒテの観念論と歴史』〕

** Kritik der Urteilskraft, § 75.

いわゆる目的論は内在的立場に立っている。その論理が有機体説 Organologie と考えられるのもそのためである。カントは有機体を芸術の類比物と見るのは不十分であるとして、次のように書いている。「なぜならその場合、その物の外部に芸術家(理性的存在)が考えられるから。それはむしろみずから自己を有機化するのであって、その有機化された産物の各々の種において全体としては同一の範例に従いながら、四囲の状況に応じて自己保存のために要求される巧妙な差異を伴うのである。*」有機体は自然物としてどこまでも内在的に見てゆかねばならぬ。有機体説は内在論である。しかるに単なる内在論の立場においては自由はなく、歴史も考えられない。カントは右の言葉にも拘らず既に有機体についてその根拠として経験を超えた「叡智的基体」あるいは「創造的悟性」あるいは「自然の根源的根拠」Urgrund der Natur を考えた。有機的生命的自然も歴史的自然としてその根柢に何らか超越的なものがなければならぬ。彼の歴史哲学的諸著にはなお内在論的傾向が著しいのに対して、判断力批判の特徴はかかる超越論的傾向にある。そしてそれは言うまでもなく彼の自由の概念の超越論的傾向に基づいている。かくて合目的性の概念はその根拠として叡智的原理を要求するが、このものは全く経験を超えているから、従って合目的性は単に反省的判断力にとって規制的原理として役立つに過ぎぬという主観的なものと看做されたのである。

しかしながら既に論じてきたごとく反省的判断力は単に反省的に止まることができない。歴史においては自由と自然とが結び附かねばならぬ。超越的なものは単に超越的であるのでなく同時に内在的でなければならぬ。かかる結合は如何に考えられるであろうか。カントはいう、「道徳的法則が命令として(及びそれに適合する行動が義務として)表象されねばならぬということ、そして理性がこの必然性を存在Sein(Geschehen)によってではなく、当為Sein-Sollenによって表現するということは、ただ我々の実践的能力の主観的性質に由来するに過ぎないことは明瞭である。かようなことは、もし理性が感性(自然の対象に対するその適用の主観的制約としての)なしにそれ自身の因果性に従って、即ち叡智的な、道徳的法則と全く一致する世界、そこでは当為と行為との間に、我々によって可能であるものについての実践的法則と、我々によって現実的であるものについての理論的法則との間に、何らの区別も存しない世界における原因と見られるならば、生じないであろう。**」あるものとあるべきものとの、行為と当為との対立は、その直観が感性的であり、従って感性と悟性とがどこまでも二つのものである人間の主観的制約に由来するのであって、知的直観あるいは直観的悟性においてはかかる対立はなく、存在と当為、出来事と自由は一つのものであり、従ってまた理論理性と実践理性とは一つのものであるであろう。ヘーゲルはかくのごとき理性の統一の立場に立った。しかるにこの場合綜合的普遍の論理に従って自由はかえって否定されてしまうことになる。カントはかかる立場にまで進まなかった。彼にとっては直観的悟性は欠くべからざる理性理念ではあるが、人間悟性にとって達すべからざる問題的な概念に止まっている。しかしながら歴史が考えられるためには自然と自由との結合が存しなければならぬ。しかも歴史の論理は、比量的悟性の立場においてはもとより、直観的悟性の立場においても考えられないとすれば、如何なる立場において考え得るのであろうか。

* Kritik der Urteilskraft, § 65.
** Op. cit., § 76.

この問題は、前に提出しておいた問題即ち機械論と目的論との統一の問題につながるであろう。因果性と合目的性との統一は有機体において与えられている、それは一般に自然の技術において、いずれにしても人間の技術においては事実として与えられている。カントは有機体を合目的性と考えたが、その場合機械論は目的論に対する従属的な手段と考えられた。しかるにかような見方は我々の自然科学的研究における、更に我々の技術的構成における因果論の重さに反するように思われる。技術家は目的論ではなく、むしろどこまでも因果論を追求するといわれるであろう。しかも彼の作り出したものについて考えると、それは目的論的構造を含んでいる。ここに我々はカントが芸術について語った「目的なき合目的性」の概念を想い起こす。芸術家にとってイデーは予め目的として与えられているものではない。目的のない彼の活動は自由である。イデーは彼の行為的直観の中から生まれてくるのである。このイデーは理性概念ではなく、カントが考えたように構想力の表象である。かかるものとして、それは表現的である。カントがいったように生産的構想力は根源的表出 exhibitio originaria の能力である。イデーはもと構想力のうちに生まれるが、ひとたび出来上がったものを反省する立場においては、芸術におけるイデーも合目的性を現している。芸術作品がしばしば有機体との類比において考えられるのもそのためである。「目的なき目的論」Teleologie ohne Telos が真に行為的な意味における目的論である。芸術的活動に目的がないということは、全く無目的、無方向ということではない。それは芸術家の構想力において産出される表象によってつねに方向附けられている。イデーは理性によって先験的に与えられたものでなく、構想力の根源的な表象の反省的に捉えられたものがいわゆるイデーにほかならない。かくのごとき関係は歴史的自然の形成作用についても考えることができるであろう。それは歴史を芸術と見ることではなく、かえって歴史の根柢に構想力の論理を認めることである。歴史は一般に形成的なもの、技術的に形成されてゆくものである。それはヘーゲルの考えたごとく先験的に構成され得るイデーに従って動くのではない。歴史は理性に従ってでなく構想力に従って作られてゆくのである。歴史の理性は構想力であるということもできる。歴史を何らかイデーの発展の目的論的体系として考えることができるとしても、それはただ過去の歴史について、これを反省する立場において可能であるに過ぎない。その意味においてカントが合目的性を反省的判断力に帰したのは理由のあることともいえるであろう。反省的判断力は規定的なものとしては構想力を意味するのでなければならぬ。歴史が目的論的必然的なものでないということは、明日の歴史が全く分からないということではない。ランケのいったように歴史は「傾向」を含んでいる。(87) ここに傾向というのは理性的な必然性ではない。歴史的なものは単にロゴス的なものでなく、むしろパトス的なものである。しかしそれはまた単にパトス的なものではなく、パトス的なものとロゴス的なものとの綜合であり、かかるものとして構想力の論理に従っている。ヒュームは構想力の「傾向」propensity について語った(88)。構想力の傾向は二重の意味において、一方では再生的構想力に関して習慣あるいは伝統の方向において、他方では生産的構想力に関して発明あるいは創造の方向において考えられるであろう。習慣は単に必然的なものでなく、自由なものにして初めて習慣も作られるのである。それは偶然性を含む必然性として傾向といわれる。また創造も単に偶然的なものではない。伝統を離れて創造もないという意味においてすでにそれは必然的である。創造も歴史の傾向に従わねばならぬ。パトス的であると共にロゴス的であり、ロゴス的であると共にパトス的であるところに、傾向というものがある。歴史は目的論的なものではない故に、歴史家がこれをどこまでも因果的に認識することに努力するのは当然である。しかしその際彼の構想力の表象がつねに彼の研究の根柢に働くのである。技術的発明の場合においても、技術家はどこまでも因果論を追求しつつ、しかもその根柢には絶えず彼の構想力の表象が働いている。イデーはもと構想力において生まれるのである。カントが理性概念としてのイデーを focus imaginarius と呼び、また pro-jektierte Einheit と称したことは、かかる意味において興味があるであろう。* 根源的には構想力の表象であるところのイデーは概念として固定されることができる。その場合、カントが合目的性を発見的原理 heuristisches Prinzip と考えたごとく、イデーはいわゆる作業仮説 Arbeitshypothese のごときものとして働くであろう。我々の経験はつねにかくのごときものを含んでいる。この点において、カントが純粋理性批判第二版の序文の中で、彼の先験的方法を自然科学における方法論上の変革、即ち近代科学における実験と関聯させているのは注目に値するであろう。実験というのは経験の中へイデーを投げ入れることによって経験することである。この場合経験は単に受動的でなく、受動的であると共に能動的、能動的であると共に受動的である。実験は行為的であり、技術的である。しかるに元来 experience(経験)という語と experiment(実験)という語とが共に experiri (to try) 即ち試みるという語から出ているように、単に科学的な経験(実験)のみでなく、あらゆる経験は実験的、従ってまた行為的である。その場合経験はイデーによって組み立てられていないにしても、つねに根源的に構想力によって組み立てられている。経験の予料ということもそこに考えられる。経験は単に過去との結合でなく、また未来との結合である。経験は過去と未来とがそこにおいて結び附く現在において成立するのであり、もと行為的直観的なものである。かかる行為的直観は自己と世界とが撞着するところに生ずるのであって、この矛盾の統一は構想力の綜合においてかかる直観の内容となるのである。

＊ Vgl. Kritik der reinen Vernunft, B672, 675.

構想力の表象は、その形成の跡を反省するとき概念的にイデーとして把握されるにしても、それ自身は全く不定なものではないかという疑いが起るであろう。このとき我々はカントの図式論の思想を想い起こす。構想力の作用は概念的ではないが図式的である。カントは自然の技術に関して、反省的判断力は図式的ではなくて技術的であるといった。けれどもこの場合図式というのはカントの言葉によると「客観的図式論」der objektive Schematismus の意味のものである。いま反省的判断力を規定的として構想力と見、歴史の技術的形成作用を考えるならば、そこに客観的図式論に対する主観的図式論ともいうべきものを考えねばならない。前者が自然の法則に関わるのに対して、後者は歴史における形に関わるのである。歴史的な形はこのものに媒介されて行為的に形成される。かかる図式は歴史の原型とも原現象とも名附け得るであろう。カントは実践理性批判の中で一種の図式を問題とした。「しかしここでは法則に従う場合の図式 das Schema eines Falles nach Gesetzen ではなく、むしろ法則そのものの図式 das Schema eines Gesetzes selbst が問題なのである。*」ところで意志があらゆる経験的なものから独立に規定し得るものであるべき自由の法則にとって、図式は何ら感性的なものであり得ず、従ってそれは図式というよりも「道徳法の典型」der Typus des Sittengesetzes というべきものである。かくのごとき道徳法の典型はカントによると自然の法則にほかならない。自然の法則は「実践的判断力」praktische Urteilskraft にとって、道徳的原理に従って行為の格率を判定する典型である。しかしながらかような典型によって自由の法則と自然とは道徳的行為のために媒介され得るであろうか。カントは、感性的世界の自然を叡智的自然の典型として使用することが許されるのは、ただ「合法則性一般の形式」に関してのみである、といっている。自然の法則はその普遍妥当性の故にすべての法則性の典型と看做されることができる。しかしこれによっては道徳も単に形式的に考えられるのほかなく、自由と自然との結合は考えられず、具体的な行為は規定され得ないであろう。行為の図式は自然のうちにあるのでなく、歴史のうちにあるのである。自然の法則ではなく、歴史の図式が我々の行為にとって媒介となるのである。そしてこの図式もまた図式として構想力に属しなければならぬ。構想力は単に内在的なものではない。それを内在的といえば、理性のごときものも内在的ということができる。カントが先験的構想力というごとく、構想力には超越的なものを考えることができ、超越的なところがある故に、それは生産的あるいは創造的といい得るのである。真に創造的なものは内在的であると共に超越的、超越的であると共に内在的でなければならぬ。構想力は一面感性的として受容的であると共に他面悟性的として自発的である。それは単に時間的であるのではなく、時間的であると共に超時間的である。もしそれが超時間的でないならば、それは悟性的とはいえないであろう。しかしカントのいう図式化された時間が空間化された時間であるように、彼の悟性あるいは意識一般はいわば空間化された永遠であった。根源的には図式論として現れる構想力の論理は直観的である。むしろそれは根源的な概念構成そのものである。直観から論理が出てくるのであって、論理から直観が出てくるのではない。フィヒテは「人間精神の実際的歴史」の叙述は構想力に始まらねばならぬと考えた。その彼に依ると因果の範疇は構想力から初めて悟性のうちに現れる。「従っていわゆる作用 Wirksamkeit の範疇は、専ら構想力のうちに生まれることが示される。かくして構想力によってのほか何物も悟性のうちに来ることができないということになる(und so ist es, es kann nichts in den Verstand kommen, ausser durch Einbildungskraft.)」と書いている。** 歴史的範疇というものは歴史的な形にほかならない。それは質料と形相との、あるいは空間的と時間的との、あるいは客観的と主観的との、あるいは機械論と目的論との、あるいは多と一との、綜合と考えられ、かかるものとして弁証法的なものということができる。形は弁証法的なものとして論理的に分析される。しかし弁証法的に対立するものの綜合が如何なるものであるかは、かかる綜合の形そのものは、論理によってではなく、直観によって捉えられ得るのみである。論理的分析の行き着くところに直観が、構想力の飛躍がなければならぬ。単なる論理によって形が捉えられるかのごとく考えるのは、出来上がった形即ち過去の形を考えるからであって、出来つつある形、未来の形についてはそのことは不可能である。過去の形についても形から形への飛躍的転化は構想力の媒介なしには思惟され得ないであろう。ヘーゲルのいう具体的普遍の中には構想力が含まれていなければならぬ。弁証法の根源と結果とには構想力がなければならぬといい得るであろう。

＊　Kritik der praktischen Vernunft, Akademie-Ausgabe, V. 68.〔カント『実践理性批判』アカデミー版『カント全集』第五巻〕

＊＊　Fichte, Grundriss des Eigentümlichen der Wissenschaftslehre in Rücksicht auf das theoretische Vermögen, Medicus-Ausgabe I. 578.〔フィヒテ『知識学の特性綱要――理論的

能力を顧慮して』メディクス編『フィヒテ全集』第一巻〕

附記、本稿は長期に亙って断続的に書かれたため甚だ不完全になった。特に最後の節で述べたことは詳細な論究を要するが、今カントの解釈を一応終わったので、取り敢えず筆を擱くことにする。カント解釈としてもなお不十分な点があるであろう。すべては機会を得て補修したいと思う。構想力の論理そのものは次に「言語」の問題を捉えて追求してゆく筈である。

注　解

(藤田正勝)

＊参考文献の頁数は、邦訳は漢数字で、欧文原著は算用数字で示す。(カントの著作については原著第一版をAと、第二版をBと表記した)

第四章　経　験

(1) ジョン・ロックの『人間知性論』(*An Essay Concerning Human Understanding*)第一巻第一章第二三節を参照。ラテン語の表記に関してはトマス・アクィナスの『真理論』(*Quaestiones disputatae de veritate*)第二問第三項を参照。

(2) アメリカの心理学者ホルト(Edwin B. Holt)の『動物衝動と学習過程』(*Animal Drive and the Learning Process*)第一巻(1931)を参照。

(3) アメリカの経営学者・哲学者フォレット(Mary Parker Follett)の『創造的経験』(*Creative Experience*, 1924)p. 78, 107 参照。

（4）フォレット『創造的経験』p. 59.

（5）ヒューム『人間本性論』（*A treatise of human nature*）第一編第三部第八節「信念の原因について」、第九節「その他の関係とその他の習慣の結果について」を参照。

（6）ギヨーム（Paul Guillaume）『習慣の形成』（*La formation des habitudes*, 1968）p. 61 参照。

（7）ベルクソン『物質と記憶』第二章「イマージュの再認について――記憶力と脳」などを参照。

（8）デューイほか著『創造的知性』（*Creative intelligence*, 1917）に収められたデューイの論文「哲学を回復する必要性」（The Need for a Recovery of Philosophy）（同書 p. 14）を参照。

（9）同書 p. 7 参照。

（10）以下の議論についてはヒューム『人間本性論』第一編第一部第七節「抽象観念について」を参照。

（11）以上については同書第一編第一部第一節「観念の起源について」、第三編第一部第一節「道徳的な区別は理性に起因しない」を参照。

（12）同書第一編第三部第二節「蓋然性について、また原因と結果の観念について」を参照。

（13）同所参照。

（14）同書第一編第一部第七節「抽象観念について」を参照。

（15）ロックは『人間知性論』第二巻第八章で、欠如（privation）が観念を生む原因になっている場合があることを論じている。

(16) 同書第一編第三部第三節「なぜ原因はつねに必然的なのか」を参照。

(17) 同書第一編第三部第六節「印象から観念への推理について」を参照。

(18) 同所参照。

(19) 同所参照。

(20) 同所参照。

(21) 同書第一編第三部第一四節「必然的結合の観念について」を参照。

(22) 同書第一編第一部第六節「様相と実体について」を参照。

(23) ライプニッツは、その反対が矛盾を含み、成立しない必然的真理と、その反対が可能である偶然的真理とを区別し、前者を永遠真理、後者を事実真理と呼んだ。

(24) ヒューム『人間本性論』第一編第四部第四節「現代哲学について」を参照。

(25) 同書第一編第三部第八節「信念の原因について」を参照。

(26) バウムガルテン（Alexander Gottlieb Baumgarten）『形而上学』（*Metaphysica*）第五五九節参照。本書一一二頁で引用されていたトマス・アクィナスの "Nihil est in intellectu, quod non prius fuerit in sensu." を踏まえた表現である。

(27) ハイデガー『カントと形而上学の問題』（*Kant und das Problem der Metaphysik*, 4. Aufl. 1973）第三五節 S. 190 参照。

(28) 同書第三四節 S. 186–187 参照。
(29) 同書第一三節 S. 57 参照。
(30) カント『純粋理性批判』A123.
(31) ハイデガー『カントと形而上学の問題』第二六節「超越論的構想力としての存在論的認識の形成的中心」を参照。
(32) カント『実用的見地における人間学』(*Anthropologie in pragmatischer Hinsicht*, 1798) 第二八節 A83.
(33) 同書第二八節 A84.
(34) 同所。本書九一頁参照。
(35) カント『実用的見地における人間学』第二八節 A85 注。
(36) カント『純粋理性批判』A87/B103.
(37) 同書 A124.
(38) 同書 A138/B177.
(39) 同書 A140/B179.
(40) この引用、および以下の引用については、カント『純粋理性批判』A140–141/B179–180 参照。
(41) 本書一三九頁参照。

(42) カント『純粋理性批判』A141–142/B181.
(43) 同書 A142/B181.
(44) 同書 A137/B176.
(45) 同書 A833/B861.
(46) 同所。
(47) カント『純粋理性批判』A XII 注。
(48) ボイムラー(Alfred Baeumler)『カントの判断力批判——その歴史と体系性』(*Kants Kritik der Urteilskraft: Ihre Geschichte und Systematik*)S. 12.
(49) カント『判断力批判』(*Kritik der Urteilskraft*)第二版「序論」第四「アプリオリに立法的な能力としての判断力について」S. XXV–XXVI を参照。
(50) カント『判断力批判』第二版「序論」第八「自然の合目的性の論理的表象について」S. XLIX を参照。
(51) カント『判断力批判』第一七節 A60, B61.
(52) 同書第一〇節 A32, B32.
(53) 同書第九節 A29, B29.
(54) 同書第四八節 A185, B178.
(55) 同書第四六節 A178–179, B181.

(56) 同書第四五節 A177, B179.
(57) カント『実用的見地における人間学』第二七節 A76.
(58) レッシング(Gotthold Ephraim Lessing)が出版者のフリードリヒ・ニコライとともに出した週刊誌『最新の文学に関する書簡』(*Briefe, die neueste Literatur betreffend*)に発表した第一七書簡に見える表現。
(59) カント『判断力批判』第四七節 A183, B185.
(60) 同書第四九節 A198, B200.
(61) ベルクソン『道徳と宗教の二源泉』第一章「道徳的責務」の「閉じた道徳と開かれた道徳」の項を参照。
(62) カント『判断力批判』第四九節 A190, B192.
(63) 同書第四九節 A195–196, B198.
(64) カント『判断力批判』第二版「序論」第五「自然の形式的合目的性の原理は判断力の超越論的原理である」S. XXXVII を参照。
(65) カント『純粋理性批判』A650/B678.
(66) リープマン(Otto Liebmann)の『思想と事実』(*Gedanken und Tatsachen*, 1882)第一巻 S.126 参照。
(67) ヘルムホルツ(Hermann von Helmholtz)『力の保存について』(*Über die Erhaltung der*

Kraft, 1847) S. 3.

(68) カント『判断力批判』第一版「序論」第五「反省的判断力について」を参照。

(69) 本書一四五頁参照。

(70) カント『判断力批判』第一版「序論」第一「体系としての哲学について」を参照。

(71) カント『判断力批判』第六五節 A286–287, B290–291.

(72) 同書第六五節 A288, B291–292.

(73) 同書第七八節 A354–355, B358–360.

(74) 同書第七八節 A357, B361.

(75) フィヒテ『全知識学の基礎』第二部第四章「第一定理」E「以上で提示された二種の交互限定のあいだに生じる対立の総合的合一」、『フィヒテ全集』(*Fichtes Werke*)第一巻 S. 222 参照。

(76) クーノ・フィッシャー(Kuno Fischer)『近代哲学史』(*Geschichte der neuern Philosophie*)第五巻『フィヒテとそれに先立つ人々』(*Fichte und seine Vorgänger*, 1869) S. 539–540.

(77) カント『純粋理性批判』A15/B29.

(78) カント『実用的見地における人間学』第二八節 A84. 本書九一、一三二頁参照。

(79) カント『判断力批判』第六六節 A291–292.

(80) 同書第八二節 A375.

(81) 同書第八四節 A393-394.

(82) 同書第八三節 A286-387.

(83) 同書第八三節 A385-386.

(84) カント『実践理性批判』(*Kritik der praktischen Vernunft*) A283-284 を参照。文字通りの表現は、シラーの詩「哲学者」(Die Philosophen) のなかに見える。

(85) カント『判断力批判』第八三節 A388.

(86) ヘーゲル『精神現象学』「序文」およびⅧ「絶対知」(Hegel: *Werke in zwanzig Bänden*. Bd. 3. Phänomenologie des Geistes. S. 22-23, 587-588) 参照。

(87) ランケは『世界史概観』(*Über die Epochen der neueren Geschichte*, 1888) の第一講義において次のように述べている。「人類のそれぞれの時代において、ある大きな傾向が現れる。進歩は、それぞれの時代において人間精神のある動きが現れるということに基づいている。この動きは、あるときにはこの傾向を、またあるときには別の傾向を際立たせ、そのなかでそれぞれ独自の仕方で現れてくる」。

(88) ヒューム『人間本性論』第一編第四部第二節「感覚に関する懐疑論について」を参照。

解　説

藤田正勝

三木清にはさまざまな相貌がある。マルクシズムに傾倒し、その立場から日本の思想界に大きな影響を与えた思想家でもあるが、しかし後期の思索のなかではそれから離れ、「レトリックの論理」や「構想力の論理」など、独自の思想を展開した。また一九四五年、終戦後一カ月余りして獄死した三木が残した遺稿は『親鸞』であった。著書も枚挙に暇がない。たとえば『パスカルに於ける人間の研究』(一九二六年)、『唯物史観と現代の意識』(一九二八年)、『歴史哲学』(一九三二年)、『アリストテレス』(一九三八年)、『構想力の論理　第一』(一九三九年)、『哲学入門』(一九四〇年)、『人生論ノート』(一九四一年)、『技術哲学』(一九四一年)などを著している。また没後の一九四六年に『構想力の論理　第二』(波多野精一による跋「三木清君について」を収める)が出版された。この数多い著作のなかでも主著と言うべきは、やはり『構想力の論理』であろう。今回それを岩波文庫に収録するにあたり、「第一」と「第二」とを分冊にして刊行する。

一　三木清の生涯と思想の歩み

『構想力の論理』の内容に触れる前に、三木清の生涯について簡単に触れておきたい。三木は一八九七(明治三〇)年、兵庫県揖保郡平井村(現在のたつの市揖西町)に生まれた。県立龍野中学校を卒業後、第一高等学校に入学した。一九四一年に発表した「西田先生のことども」というエッセーのなかで三木は、そのときに読んだ西田幾多郎の『善の研究』が自分の「生涯の出発点」になったと記している。それを読んだのはおそらく一九一六(大正五)年のことであったと考えられる。その翌年西田が東京で(哲学会公開講演会で)講演をしたときに三木はその講演を聞きに出かけている。その講演も三木に強い印象を与えた。演壇を右に左に歩きながら、人に話すというよりも、自分で考えをまとめようと模索しているような西田の姿のなかに、「一人の大学教授をでなく、「思索する人」そのものを見た」(一七・二九五)[*1]と記している。

その年に三木は京都大学に入学、西田のもとで学び始めた。二人は生涯にわたって暖かい師弟の交わりをもちつづけた。京大を卒業後、一九二二年から一九二五年にかけてヨーロッパに留学した。最初ハイデルベルク大学で新カント学派の泰斗ハインリヒ・リッケルトのもとで、次いでマールブルク大学でマルティン・ハイデガーのもとで学んだ。一九四一年に発表した「読書遍歴」のなかで三木はハイデガーの哲学を「戦後不安」の一つの表現と言い表している。その影響下で三木はヘルダーリンやニーチェ、キェルケゴール、ドストエフスキーなどを読むようになった。またハイデガーのもとで教授資格請求論文を執筆しはじめていたカール・レーヴィット(Karl Löwith)に勧められて、ディルタイやヤスパース、シェーラーなどを読んだ。三木は、同じ頃にドイツに留学し、一足早く帰国していた田辺元に宛てて、「マールブルヒへ来てから私はハイデッガー、それと関係してディルタイから非常に強い影響を与えられました。この影響は恐らく何等かの形で私の学問上の一生を決定し、支配するだけの力をもっていそうに思われます」(一九・二六七)と書き送っている。三木が留学した一九二〇年代は、ヨーロッパの哲学が大きく変化した時期であった。それまで大きな影響力をもった新カント学派が勢いを失い、それに代わってフッサールの現象学やハイデガーの解釈学的現象学、シェーラーの哲学的人間学など、新しい思想潮流が生まれ、輝かしい光を放つようになった。経験や生に立ち戻り、それまでにない新たな視点から、存在や知識の問題が問い直されていった。このような時期に留学の機会を得たことは、偶然のことであったが、三木にとって大きな僥倖であった。

二年半のドイツ留学を終えて、最後にパリで短い期間、ただ「旅の者」として過ごす予定にしていたが、思わぬことで一年間そこに滞在することになった。その理由を三木は「読書遍歴」のなかで、「私はふとパスカルを手にした。……この書は私を捉えて離さなかった。『パンセ』について考えているうちに、ハイデッゲル教授から習った学問が活きてくるように感じた」(一・四二九)と説明している。帰国後すぐに三木の最初の著作として出版された『パスカルに於ける人間の研究』はその成果であった。「序」のなかで三木は、パスカルの『パンセ』を「アントロポロジー」として、「生の存在論」として取り扱うのがその目的であったと記している。

帰国の翌年から第三高等学校の講師となり哲学概論の講義を担当した。西田幾多郎の推薦により経済学部教授であった河上肇にヘーゲルのテクストの講読をしたり、河上を中心として開かれていた研究会に参加したりした。[*2] この頃からフォイエルバッハの思想や唯物史観の研究を行うようになったと考えられる。

多くの人が三木の才能を評価し、西田のあとを担う人材になると考えていたが、さまざまな事情で京都大学に職を得ることは叶わなかった。代わりに西田は法政大学の教授の職を三木に斡旋した。その勧めにしたがって一九二七年の四月から法政大学の教壇に立った。それは三木の思想上の新たな出発を意味した。マルクス主義者として論壇に登場し、「人間学のマルクス的形態」や「マルクス主義と唯物論」、「プラグマチズムとマルキシズムの哲学」などの論文を矢継ぎ早に発表し、時代の寵児になっていった。当時、マルクス主義は社会科学としてのみ受けとられていたが、三木はそれを哲学として読み解く途を切り開いていった。そのような新しいアプローチが可能であったのは、この時期に『ドイツ・イデオロギー』の第一巻第一章「フォイエルバッハ」や『経済学・哲学草稿』などマルクス自身の著作が発表されはじめ、それに直接触れることができたからであると考えられる。教条的に理解されるようになっていたマルクス主義から自由にマルクスの哲学を解釈していった三木のマルクス理解は多くの人々をひきつけていった。

三木は一九三〇年に当時非合法状態に置かれていた日本共産党への資金援助容疑で検挙され、法政大学教授の職を辞さざるをえない状況に追い込まれた。有罪判決を受けたのち、研究対象をマルクス主義から歴史哲学に移していった。その成果が一九三二年に発表された『歴史哲学』である。三木の歴史への関心は突然生まれたものではない。大学院在学中にも「歴史哲学」の問題に取り組んだりしていたし、留学中も、人間存在の問題であり「生」の問題である歴史に強い関心を寄せていた。『歴史哲学』においても、歴史叙述の根底に「人間学」(アントロポロギー)を考え、またそこからさらに「歴史的人間学」を構想した。そこに三木の歴史哲学の大きな特徴があると言うことができる。

『歴史哲学』を執筆して以降、三木は哲学に限らず、政治や社会、芸術や宗教など、さまざまなジャンルにわたって多くの評論を発表していった。それを貫くトーンは「危機」の意識であり、「不安」の意識であった。一九三一年に勃発した満州事変は日本の政治の大きな転換点となった。国内政治の面ではファシズム体制の確立へと大きく動きはじめ、また国際的にもその対外膨張政策により、世界のなかで政治的に孤立を深めていった。それにあわせて日本の思想状況にも大きな変化が生じた。そのような状況のなかで三木は「危機意識の哲学的解明」（一九三二年）と題した文章を発表している。そしてそこで、危機の時代にはとくに思想が問題にされるが、他人への心理的な効果だけをねらった、主体的真実性を欠いた思想のみが横行するようになっていることを強く批判している。また「不安の思想とその超克」（一九三三年）においては、満州事変以後に生まれてきた精神的雰囲気を「不安」という言葉で言い表し、いままさに「不安の思想の根本的性質を理解し、批判すべき必要に迫られて」（一〇・二八七）きていることを述べている。そしてこの跋扈する不安の思想を超克するためには、「人間に値する新しい人間の定義」（一〇・三〇四）を与える必要があることを強調している。このように「新しい人間のタイプ」を明確に規定し、「不安の思想」を超克することを三木は追求した。それは、「不安の文学」や「不安の思想」が理知的、ロゴス的なものから離れ、パトロギー的なものに、つまり情緒的で流動的なものに流れたのに対し、「ロゴス的意識の固有の力と権利」を取り戻すことを意味した。「ロゴス的意識とパトス的意識との統一」（一〇・三〇九）を図ることがこの時期の三木にとって大きな課題となった。

この課題と関わって三木は「レトリックの精神」（一九三四年）や「非合理主義的傾向

について」(一九三五年)、「解釈学と修辞学」(一九三八年)などにおいて「レトリック」の問題についてくり返し論じている。「非合理主義的傾向について」のなかでは次のように述べている。「レトリックにしても単に言葉の美化の術でなく、人間存在の社会性に基づく思考の本質的な仕方を現わしている。……従来の論理学の型を越えた新しいロゴス学を組織することは、歴史的社会的存在の認識にとって必要なことではないかと考える」(一〇・四〇一―四〇二)。レトリックが、単なる文章表現上の技法としてではなく、思考の仕方、ものの考え方・捉え方として理解されている点が注意を引く。そのような観点からレトリックに注目する必要があるのは、人間の「社会性」、つまり、人間が「歴史的社会的存在」であることに基づく。三木のレトリック論は、ただ単に知の主体であるのではなく、歴史のなかで思索し、表現し、行為する存在であるという人間理解と深く関わっていたことがここからも読みとれる。*3

そのような人間の本質を明らかにし、「新しいロゴス学」を確立することによって、非合理主義的思考による言論や自由に対する圧迫を乗りこえていくことが三木にとって大きな課題となっていた。三木が一九三三年から一九三七年にかけて書きつづけた『哲学的人間学』もそれに応えようとするものであったと言うことができる。

第一章「人間学の概念」からもよく見てとれるように、そこで三木は彼の構想する人間学が「行為的自覚の立場」に立つことを強調している。それは、人間をその全体において、言いかえれば、内的かつ外的な存在、主体的かつ客観的な存在として捉えることを意味する。具体的には、それは「人間を身体から抽象」しないこと、つまり単なる意識に、あるいは精神に還元しないことを意味する。しかしこれは逆に、身体を人間から抽象しないことをも意味する。身体は単なる客観的分析の対象としての身体ではなく、「「心に活かされた」beseelt 身体」(一八・一四九)である。この身体を「心化」するものこそ「パトス」にほかならない。逆に、「パトス」によって心は人間の心として「身体化」する。そのような意味で「人間的行為の底にはパトスがある」(一八・三九九)というのが三木の理解であった。

三木はパトスのなかに二つの方向、あるいは二つの側面を認める。パトス(*πάθος*)というギリシア語がもともと「～を被る」という意味の動詞 *πάσχω* に由来し、他から働きかけを受けることを意味したように、三木は一方では、パトスという言葉のもとに、われわれがあるものを受け取り、そのことによってある一定の気分や情緒のなかに置かれるという受動性を理解している。この「状態性」としてのパトスが生じる場が、「身体」にほかならない。そういう意味で身体は「受動性の場」(一八・一五二)であると言われている。この「受動性の場」に生じた、ある一定の「状態性」がパトスであるということになる。しかしそれと同時に、三木はパトスのなかに「根源的な能動性」を見いだす。「受動性の場」に生じた「状態性」の変容は、変容であるにとどまらず、外に向かって自己を表現する力をもつ。別の言い方をすれば、「衝動的」な性格をパトスはもつ。身体を通してわれわれを行為へと迫るのである。身体が単なる物体ではなく、「心化」した身体として自己の外に関わっていくのは、その背後にパトスの能動性があるからだと言うことができる。

それと同時に、三木はそこで、人間はパトスだけではその内的世界から抜けだし「行為の主体」となることはできない、つまりそれ自身を「表現」することができないとも述べている。ゲオルク・ジンメル(Georg Simmel, 1858–1918)の「イデーへの転向」(Wendung zur Idee)という言葉を引用しながら、パトス的なものは、「イデーを見る」ことによって、つまりロゴスと結びつくことによってはじめて自己を外に「表現」することができると主張している。パトスが自己を肯定するためには、まず自己を否定し、ロゴスと結びつかなければならない。このパトスとロゴスとの結合を通して人間ははじめて「行為の主体」となりうるというのが三木の理解であった。

『哲学的人間学』は何度となく書き直され、校正刷りまで出たが、実際には出版に至らなかった。一九三七年の一月七日の日記には「今日から『人間学』の校正刷を調べて愈《いよいよ》、最後の仕上げに取り掛る」(一八・五三八)という記述があるが、しかし未完成のまま執筆は中断された。一九三七年の五月には『構想力の論理』の第一章「神話」の最初の部分が雑誌『思想』に発表されている。『哲学的人間学』の出版を断念することと引きかえに、三木は『構想力の論理』の執筆を始めたのである。なぜそうしたのか、その点については以下で改めて触れることにしたい。まずこの『構想力の論理』がどういう書物なのかを見ることにしたい。

二　三木の主著『構想力の論理』

先ほど『構想力の論理』が三木の主著であると言ったが、それはまず第一に、この書が三木の生涯の後半期において長きにわたって書き継がれたものであったからである。具体的に言えば、第一章「神話」の最初の部分が雑誌『思想』に発表されたのは、一九三七年の五月、三木が四〇歳の時であった。その章と第二章「制度」、第三章「技術」はそれぞれ三回に分けて発表され、第四章「経験」は一二回にわたって連載された。その最後の部分が発表されたのは、一九四三年の七月、亡くなる二年前のことであった。それと同時に、三木がこの著作において、それまでの仕事で十分果たせなかった課題、あるいは十分論じ尽くせなかった問題をあらためて論じ直そうとしている点も、『構想力の論理』を彼の主著とみなすことを正当化するように思われる。

しかし他方では、『構想力の論理』は断続的に雑誌に発表された論文群であり（第一章から第三章までは『構想力の論理 第一』として単行本の形で刊行されたが）、その全体がまとまった形で出版されたものではないということも指摘しなければならない。第四章「経験」に取りかかる前、一九三九年に発表された「自己を中心に」というエッセーで三木は『構想力の論理』について、「全部で三巻になる予定であるが、これが完成すれば私の仕事にも多少基礎が出来ることになると思う」（一七・二七八）と記している――このように三木が『構想力の論理』を自らの仕事の「基礎」と考えていることも、これを三木の主著と見なす理由の一つである――。しかし最終的にどういう形になるのか、全体の構想は示されていない。第四章「経験」の末尾には、「本稿は長期に亙って断続的に書かれたため甚だ不完全になった」という付記がある。さらに「構想力の論理そのものは次に「言語」の問題を捉えて追求してゆく筈である」と記されている。第三巻はおそらくこの「言語」の問題から、あるいはそれを中心に展開される予定であったのであろう。

『構想力の論理　第二』の「序」のなかでも三木は、ここに収められた諸論考が、もともと「研究ノートの形で書かれた」ものであり、その論述は「錯綜」したものになっている、と記している。つまりこれらの論考は、最初から全体の構成が見通され、それぞれの部分の有機的な連関が意識されて執筆されたものではない。また同じ「序」において三木は次のように記している。「完全な体系的叙述はこの研究が最後に達したところから始まらねばならぬ。叙述はここにまず現象学的な形において行われ、しかる後純粋に論理的な形に進むであろう」(I・九)。この言葉から明瞭に窺い知ることができるように、三木は実際に発表された論考を「現象学的」な叙述として捉え、「論理的」な考察が、その上に立ってあらためてなされる必要があると考えていた(第四章でそのような考察が着手されているということは言えるが)。この意味でも『構想力の論理』は未完成の書である。

しかしそれにもかかわらず、『構想力の論理』は、三木の思索の歴史のなかできわめて重要な意味をもっている。まず第一に、――すでに少し触れたが――それまでの仕事のなかで十分に解決されなかった、しかも三木の思索にとってきわめて重要な意味をもつ問題に解決を与えようという意図がこの『構想力の論理』には込められているからである。その問題というのは、一言で言い表せば「ロゴスとパトスの統一」の問題ということになる。『構想力の論理 第一』に付された「序」のなかで三木は、その点について次のように書き記している。「『歴史哲学』の発表(一九三二年)の後、絶えず私の脳裡を往来したのは、客観的なものと主観的なもの、合理的なものと非合理的なもの、知的なものと感情的なものを如何《いか》にして結合し得るかという問題であった。当時私はこの問題をロゴスとパトスとの統一の問題として定式化し、すべての歴史的なものにおいてロゴス的要素とパトス的要素とを分析し、その弁証法的統一を論ずるということが私の主なる仕事であった」(I・一〇)。三木は『歴史哲学』以後彼が目指したものが何であったのかをこのように言い表すとともに、しかしながらその考察が「余りに形式的」であった点について、つまり、ロゴス的なものとパトス的なものの統一が具体的に「何処に見出される」のかということを明らかにすることができなかった点について反省を加えている。そして次のように述べている。「この問題を追求して、私はカントが構想力に悟性と感性とを結合する機能を認めたことを想起しながら、構想力の論理に思い至ったのである」(Ⅰ・一一)。このように『歴史哲学』以後の思想展開のなかで残された課題を果たすという意図のなかで、『構想力の論理』は構想されたと言うことができる。

つづいて指摘したいのは、三木の構想力論のなかに、彼のそれまでのさまざまな考察が流れ込んでいる点である。具体的に言うと、彼の人間論、ロゴス／パトス論、技術論、ポイエシス(制作)論、身体論、歴史論、文芸論などが『構想力の論理』の執筆に当たって踏まえられている。あるいはそれらを引き継ぐ仕方でその執筆がなされている。『構想力の論理』はそれらを総合するような意味をもっていたと言うことができる。

さらにもう一点指摘したいのは、この『構想力の論理』は、確かに未完成な著作であるが、しかしそこに盛られたさまざまな着想は、多くの可能性をはらんでいるという点である。たとえば人間を単なる知性的存在としてではなく、身体的存在として捉えるという姿勢が、この『構想力の論理』には一貫している。つまり、身体的、あるいはパトス的存在としての人間という観点から、行為や制作(ポイエシス)、技術等の問題が論じられている。そしてこの行為や制作、ポイエシスにおいて、像ないしイメージの形成ということが重要な意味をもっていることに三木が注目していることも興味深い。さらに、この像やイメージ——それらを三木は「形」という言葉でも呼ぶ——は生の事実ではなく、むしろ作り出されたもの、擬制(フィクション)である。しかしこの擬制のなかにこそリアリティがあるということを、三木は『構想力の論理』のなかで何より強調している。ここにも三木の、現代から見てもきわめて新鮮な思索の躍動を見ることができる。

三 なぜ「構想力」なのか

『構想力の論理』第一章「神話」の冒頭において三木は、バウムガルテン(Alexander G. Baumgarten)の「構想力の論理」(Logik der Einbildungskraft)ないし「想像の論理」(Logik der Phantasie)、あるいはパスカルの「心情(心)の論理」(logique du cœur)やフランスの心理学者リボー(Théodule Ribot)の「感情の論理」(logique des sentiments)といった表現に言及しながら、「抽象的思惟の論理とは区別される論理」、「理性の論理と異なる論理」は存在するかという問いを立てて、この問いこそがここで問題にしたいことであると語っている。つまり、「構想力の論理」というのは、まずさしあたって、ここで言われている「抽象的思惟の論理とは区別される論理」であるということが言える。

なぜ抽象的思惟の論理、あるいは形式論理とは異なった論理が問題にされなければならないのか、その問いに関わって三木は次のように記している。「我々が物そのものに、その物質性における物に突き当たるのは身体によってである。我々は物として物に突き当たる。いまその主体性における身体をパトスと名附けるならば、物の論理は単純にロゴス的な論理でなくて同時にパトス的なものに関わらねばならぬであろう」(I・二二五)。

ここからわれわれは、三木が求めていたものが、単なる思惟の規則としての論理ではなく、身体を有し、身体を介して行為する存在である人間と、行為という場において出会われる現実とを対象とし、その本質を明らかにしうるような論理ないし哲学であったと言うことができる。その意味で「構想力の論理」は単なる「知識の論理」ではなく、「行為の論理」(I・二五)であった。

この引用からも知られるように、「構想力の論理」は、三木の人間理解、あるいは三木独自の人間学と強く結びついている。先に触れたように、われわれは身体的存在として、社会のなかで、そして歴史のなかで思索し、表現し、行為する。それをその根底において支えているのはパトスである。しかしそれだけではわれわれは「行為の主体」となることはできない。われわれがパトスを、あるいは自己自身を表現するためにはロゴスと結びつかなければならない。パトスが「イデー」と結びつくことによってわれわれははじめて自己自身を表現し、「行為の主体」となることができる。それを可能にする力として三木は「構想力」(Einbildungskraft)を考えるようになったのである。それが何か、そしてそれはわれわれの思索や行為のなかで具体的にどのように働いているのか、そうした点を明らかにしていくことは「哲学的人間学」の枠組みのなかでは十分に考えることができないと三木は考えるようになったのであろう。おそらくそのために『哲学的人間学』を離れ、『構想力の論理』の執筆に力を注ぐようになったのではないだろうか。

しかしわれわれはわれわれのうちにある衝動的なものを外に表現するために、言いかえれば「行為の主体」であるためになぜ「構想力」を必要とするのであろうか。その問いに対する答えを三木は『構想力の論理』の第一章「神話」において、フランスの社会思想家ジョルジュ・ソレル(Georges Sorel)に対する批判という形で語っている。そこで三木はソレルの『暴力論』の「行動を創造するのは構想力(想像)ではない。それは希望もしくは恐怖、愛もしくは憎悪、欲望、激情、エゴイズムの、自我の衝動である」という言葉[*4]を引くとともに、それに対して次のような主張を対置している。「身体性から抽象して構想力を考えることはできない。構想力はまさに希望もしくは恐怖、愛もしくは憎悪、欲望、激情、衝動等と結び附いたものであり、それ故にデカルトやパスカルは構想力を誤謬の根源とも見做したのである。構想力は感情と結び附き、その中から像を作り出す。構想力によって感情は対象的なものに転化され、そのものとしても強化され、永続化されることができる」(I・六三)。

ここから読みとれるように、三木は人間の行為を、感情や情念、衝動の単なる表出としてではなく、そこから像を作り出す営みとして、言いかえれば形なきものに形を与える営みとして理解している。それを可能にするのが構想力である。人間の行為がまさに人間の行為であるのは、それがパトスをただ単に表出するのではなく、そこに別の秩序を与えるからであるというのが三木の考えであったと言うことができる。このように形を与えられることによって、われわれの情念や衝動はただ単に過ぎ去っていくだけのものではなく、むしろ永続化される。この形を与えられ永続化されたものこそがわれわれの世界を作りあげていると三木は考えたのである。『構想力の論理』において三木は、この情念や衝動に形を与える構想力を、そしてそれによって生みだされる「形」を問題にし、それによってわれわれの世界がどのように作りあげられているのかを明らかにしようとしたのである。

四　形像の論理——神話・制度・技術

構想力による像の形成、あるいは形の形成の具体的な例として三木が考えていたのは、たとえば『構想力の論理』の第一章で論じられている神話であり、第二章で取りあげられている制度、そして第三章で取りあげられている技術であった。

神話はしばしば感情や情念を直接的に表現したものと言われるが、三木によれば、けっしてそうではない。それは、パトス的なものが知性によって「形像化」されることによってはじめて生みだされるものである。別の言い方をすると、神話は、知性が自然的世界の上に新しい世界(リアリティ)を描きだすことによって、はじめて成立するのであり、パトス的なものの単なる表出ではない。

第一章「神話」で三木は、神話を科学の単なる非科学的な代用物と見なす一八世紀の啓蒙哲学的な、あるいは一九世紀の実証哲学的な神話観に反対し、むしろマリノフスキー(B. K. Malinowski)の、「神話は無駄なラプソディでも空虚な想像の目的のない流出物でもなく、難儀な仕事の、頗《すこぶ》る重要な文化的力である。……未開人の信仰と道徳的智慧との実践的な憲章である」(I・三〇)という神話理解に賛意を表明している。[*5] ここでは、神話はパトスの単なる流出ではなく、宗教的な、あるいは道徳的な「智慧」、つまりロゴス的営為であることがはっきりと見てとられている。

ただ『構想力の論理 第一』の「序」で三木は、第一章「神話」を執筆していた段階ではなお「一種の非合理主義ないし主観主義」に転落する可能性があったが、しかし「「制度」について考察を始めた頃から、私の考える構想力の論理が実は「形の論理」であるということが漸次明らかになってきた」(I・一二)と記している。

「非合理主義」とか「主観主義」というのは、第一章「神話」の冒頭でパスカルの

「心情の論理」やリボーの「感情の論理」が取りあげられていたことにも関わるが、「構想力の論理」が主観的な感情や非合理的なもののうえに立脚した世界観に堕する可能性があることを三木が意識していたことを示すと言ってよいであろう。

しかし、いまも述べたように、パトス的なものは知性の関与があってはじめて「形あるもの」となる。それが形あるものとなるためには、そこに感性と知性とが交錯する場が開かれなければならない。構想力とは、そのような場を切り開き、その交錯のなかから像を生みだしていく能力であると言うことができる。ちょうどカントが構想力を感性と悟性とを結びつけるものとして捉えたように、三木の言う構想力も、感情的なものと知的なものとのあいだに位置し、両者を結びつける働きをするものとして考えられたと言ってよい。「構想力は単なる感情ではなくて同時に知的な像を作り出す能力である」(I・六二)と言われている。その意味で、「構想力の論理」は単なる感情の論理、あるいはパトスの論理ではなく、「形像の論理」(I・六〇)であるというように言われなければならない。しかし他方、その形像化は、知性にのみ由来するのではない。構想力が生みだす「形像は純粋なイデアではなく、いわば身体をもったイデアである」(I・七六)からである。形を獲得した欲望であり、衝動であると言ってもよいであろう。

構想力が作りだす「知的な像」は単なるイメージ、単なる像ではない。具体的な形をもったものである。『構想力の論理』を書き進めていく過程で三木はそのことを強く意識するようになったのであろう。先ほど引用した「私の考える構想力の論理が実は「形の論理」であるということが漸次明らかになってきた」という言葉はそのことを示している。

三木はこの単なるイメージや像ではない「形」を第二章では「制度」のなかに見ている。なぜ制度が「形」なのか、詳しい説明はなされていないが、三木は制度を「客観的歴史的なフォーム」として捉えている。たとえば「構想力の論理は単なるイメージュの論理でなく、むしろフォームの論理でなければならぬ。かくのごとき客観的歴史的なフォームとしてまず考えられるのは制度である」(I・一一六)と述べている。制度は歴史のなかで作りだされ、客観的な力をもち、われわれの生活に秩序を与えるシステムである。しかしそれはただ単にわれわれの外に位置し、われわれの行為を縛るものではない。それはわれわれがわれわれの行為を通して生みだしたものであり、改変していくものである。言わば主観的なものと客観的なものが一つになったフォームである。そのような観点から三木は「制度」を問題にするのである。

三木がここでとくに問題にするのは慣習(convention)である。それは、「制度」を論じるにあたって彼がとくに手がかりにしたのが、ポール・ヴァレリー(Paul Valéry)の『現代世界について』(*Regards sur le monde actuel*, 1931)などの著作であったことに関わる。そこでヴァレリーが展開した慣習論を踏まえて、三木は「制度」の問題を論じている。ヴァレリーはそこで、ならわしやしきたりという意味での慣習だけでなく、言語や法律、芸術、政治など多様なものを問題にしたが、三木もそのような理解を受けついで「制度」を捉えている。

三木はこの制度について、まずそれが本能に根をもつことを述べている。しかし単なる本能の具体化、現実化としてではなく、「本能に替わるもの」(I・一三三)として作り出されたものであること、つまり「擬制(fiction)」であることを強調している。たとえば礼儀や習俗、法律など人為的な秩序や規範の背後には本能的なものがあると言うことができるが、しかし本能そのものではない。本能に替わって人間関係を維持していくために人為的に作りだされたものである。それが生みだされるためには、知性が関与していなければならない。しかも、単なる知性からではなく、——三木の表現では——「パトスに基づいた構想力」(Ⅰ・一二七)というものがあって、はじめてそのような擬制的なものが作りだされる。三木自身は「かような擬制が発明されるためには、且つそれが実効的であり得るためには、空想、想像、構想力が働かねばならぬであろう」(Ⅰ・一二七)と述べている。

このような仕方で構想力によって作りだされる制度は、自然に存在するものではなく、人為的に作りだされたもの、すなわちフィクションである。しかしそれは単なる虚構ではなく、力をもつ。そのことを三木は、「制度は或る法的な、ノモス的な性質を担っている」(Ⅰ・一二四)と言い表している。つまり制度は規範的な性質を具えている。そこにはじめて秩序が形成される。本能のままであったときには形成されなかった秩序がそこに作りだされるのである。そのことを言い表すために三木は、「野蛮が事実の時代であるように、秩序の時代は擬制の国であることが必要である」(Ⅰ・一七九)というヴァレリーの言葉を引いている。つまり、秩序は本能のうえにではなく、擬制的なもののうえにのみ立てられるのである。

この『構想力の論理』第二章「制度」において三木がとくに強調するのは、フィクションのなかにこそリアリティがあるという点である。虚構のなかにリアリティがあるのは、制度がまさに規範的な性格をもち、秩序を作りだすものだからである。学校制度が整った社会では、その制度に従って学業を修め、修了の資格を得なければ、将来の道が開かれていかない。そのような意味で、三木は制度(慣習)を、ヴァレリーとともに、「第二の実在」(I・一一九)とみなしている。第二と言うと、派生的で、必須のものではないように響くが、そうではなく、それこそが力をもつ社会にわれわれは生きているのである。制度の外で生きていくことはできないのである。『続哲学ノート』(一九四二年)に収められた「文芸的人間学」のなかでは三木は、「文化」とは「生素な事実がフィクションによって置き換えられ」たものである(一一・四七二)と語っているが、生の事実がフィクションで置き換えられた「文化」のなかでしかわれわれは生きていくことができないのである。構想力とはまさにこの生の事実をフィクションで置き換える役割を果たすものにほかならない。

このようにわれわれの社会がフィクションによって形作られていること、そしてわれわれはこのフィクションのなかでしか生きていくことができないこと、そのような意味で、フィクションこそリアリティをもっているという逆説を明らかにした点も、三木の功績の一つであり、その思想が現代からも注目される所以の一つでもある。

三木が言う「制度」のなかには習慣もまた含まれる。この習慣について三木は、有機体と環境との協働のうえに成立するというように述べている。ジョン・デューイ(John Dewey, 1859–1952)が『人間性と行為』(*Human Nature and Conduct*, 1921)という著作のなかで、習慣とは、環境の力と人間の力との持続的な適応である、と述べていることなどが踏まえられているが、習慣とは有機体が環境を利用し、環境と一体化する仕方である、というのが三木の理解であった。そして、そのような意味で「習慣は一つの技術である」(I・一九二)と主張している。物を作る、つまり制作という意味での技術も、本質的には「人間と環境との統一」であり、いま言った習慣としての技術と同じ性格を有する。

習慣が作りだすものも、一種の「形」であるということが言えるが、技術の本質も「形」を見いだしていく点に、つまり新しい「形」を「発明」する点にある(I・一九八)。そして「形」を発明するというのは、単なる機械的な反復作業によってなされるのではなく、構想力が働いてはじめて可能になると言う。まず技術の根底にもやはりパトス的なものが存在する。そのことを三木は、「技術は人間の意欲に物体的な形を与えるものである」(I・二六二)と言い表している。技術の根底にあるのは欲望であり、意志である。それが技術の出発点である。しかし、単なるパトスではなく、構想力がそれに「イデー」を付与することによって、そこに「形」が生まれる。言いかえれば、パトスが主観的なものを超出することによって、技術が成立するのである。この主観的なものからの超出、そしてパトスとロゴスとの統一を可能にするのが、ほかならぬ構想力である。その点を三木は、「形となる欲望や意志がまさに構想力である」(I・二六二)と表現している。パトスとロゴスが一つになり、「形」が生みだされることを三木は「イデーの勝利」(I・二八五)とも表現しているが、その戦利品が「発明」ということになるであろう。

三木の「形」の理解に関して一言しておきたい。三木は一面において、「形」を欲望や意志を具体化したものとして、動かないもの、固定したものとするのであるが、しかしそれを同時に変化するもの、流動するものとしても捉えている。その点でベルクソンの「生命」の理解に深い共感を示すとともに、他面、その一面性を指摘している。具体的には次のように述べている。「形は一面、纏《まと》ったもの、動かぬものとして形である。形はどこまでも空間的なものである、空間的ということを除いて形は考えられない。しかし他面、形は生成し発展するものとして時間的なものである。……すべて生きた形は弁証法的なものとして無限の緊張を示しており、この緊張が生命にほかならない。……ベルグソンも生命は緊張であると述べているが、彼の哲学の欠陥は生命を純粋流動と見て形というものについて考えていない点に懸かっている」(Ｉ・二六五―二六六)。形を一方で空間的なものとして、しかしそれだけでなく、同時に時間的なものとして、したがって、変化するものとして、別の言葉で言えば、メタモルフォーゼという相で理解していた点に三木の理解の特徴がある。そのような観点から、一方で、持続ないし流動に注目するベルクソンに対して大きな共感を示すとともに、他方、空間的な、あるいは固定的な面に十分に目を向けていない点で批判もするのである。三木は「形」を両者の緊張として理解していたと言うことができる。この点も三木の思想の独自性を示すものとして注目される点の一つである。

六　経験――カントの「構想力」

先に見たように、三木は『構想力の論理』の「序」において、この書における「構想力」をめぐる思索はまず「現象学的な形」で行われたあと、その後「論理的な形」

に進むであろうと記していた。その構想に沿うものと言えるが、第三章「技術」の末尾で三木は、このあと「哲学的論理としての構想力の論理の性質を一層明瞭にしたいと思う」(Ⅰ・二九四)と述べている。第四章「経験」にはこのような意図が込められていたと考えられる。

第四章で三木はまずイギリス経験論の「経験」をめぐる理解を取りあげ、それに対して批判的な言葉を記している。三木の理解では、経験は客観的に与えられたものに出会うことであり、主観的かつ客観的な性格を有するが、それがイギリス経験論では意識上の出来事として主観化されている。別の言い方をすれば、ただ知識の問題として見られている。それでは経験の問題を解き明かすことはできない。というのも、経験は「行為的自己と環境との行為的関係」(Ⅱ・一六)であるからである。「「間における活動」(activity-between)」(Ⅱ・一九)であるという点に経験の基本的な性格がある。

そこでは行為が環境を作り、環境が行為を作るという仕方で両者が一つに結びつけられている。結びつけられているだけでなく、そこでこそまさに新たなものが生みだされる。この関係全体を三木は「成全的」(integrative)という言葉で表現している。この成全的な関係の特徴は、「創造的」であるという点にある。そのことを三木は「経験は検証的過程であるよりも創造であり、発明である」(Ⅱ・二五)と言い表している。

三木によればこの経験の創造的性格は構想力と深く関わっている。経験は経験論においても過去と結びつけて理解された。それは蓄積されていくものであった。しかし三木は、経験論を批判的に継承し、発展させたデューイの経験論に対する批判を手がかりにしながら、それが未来と深く関わっていることを主張している。経験は行為的であるかぎり、未来に向かっている。「未来への投射」という性格をもつ。デューイの論文「哲学を回復する必要性」(The Need for a Recovery of Philosophy)を踏まえて、一方では「未来の構想的予測 imaginative forecast of the future を含むことによって経験は現在における指導に役立つ」と、そして他方で、「過去の構想的回復 imaginative recovery of the bygone は未来への成功的な侵入にとって欠くことができぬ」(Ⅱ・二九)と述べている。構想力により過去の記憶を回復することによってはじめて構想力を用いた未来の予測、あるいは予料が可能になる。逆にこの予料により、過去の回復が果たされる。この両者の結びつきのなかで「未来への投射」が可能になる。言いかえれば、新たな価値が創造される。経験とはこの創造を意味するというのが三木の理解であった。

構想力との関係で三木がこの第四章で本来論じようと考えていたのは、カントの「構想力」についての理解であった。先に見たように、三木は『構想力の論理 第一』の「序」において、いかにしてロゴス的なものとパトス的なものとの統一が可能になるかという問題を追求して、「私はカントが構想力に悟性と感性とを結合する機能を認めたことを想起しながら、構想力の論理に思い至ったのである」と述べていた。そもそも「構想力の論理」を構想したきっかけはカントの「構想力」論であったのである。三木はそこから何を学び、また、それをどのように評価したのであろうか。

カントが「構想力」について詳しく論じたのは、『純粋理性批判』においてであるが、その「超越論的分析論」の「純粋悟性概念の演繹について」においてカントはそれについて、「対象を、それが現前していなくても、直観のうちに表象する能力」(KdrV, B151)[*6]であると説明している。すでに意識のなかから消え去ったものでもわれわれはあとからふり返ってそれを思い浮かべることができる。そのような能力をカントは構想力に帰しているのである。そうした能力として構想力はしばしば、経験という枠を超えて、非現実的なイメージを自由に作りだす能力というように考えられてきた。そのために構想力は人間の認識を誤った方向に導くとも言われてきた。三木も

『構想力の論理』のなかで、「デカルトやパスカルは構想力を誤謬の根源とも見做した」(I・六三)と述べ、そのような誤謬の歴史に言及している。

しかしカントにとって構想力は、決して認識を誤った方向に導くものではなかった。むしろ、彼はそれを人間の認識に不可欠な能力と見なしている。「人間の心の根本能力」(KdrV, A124)という言い方でそのことを言い表している。あるいは、別の箇所では、「それを欠いてはわれわれはまったく認識をもつことのできない、心の盲目的な、しかし不可欠な機能」(KdrV, A78, B103)であると述べている。「盲目的な」というのは、構想力が、われわれが意識的に用いる能力ではなく、むしろ、われわれが経験を行う際に、無意識のうちにすでに働いてしまっているものであるからである。しかしそれを欠いては、われわれはまったく認識をもつことができないことがここで言われている。

それはいかなる意味において不可欠なのであろうか。カントは、われわれの経験が可能になるためには、感性と悟性、そして構想力という三つの能力が働く必要があると考える。感性による多様なものの直接的な表象、つまり直観は、そのままでは、個別なものがただモザイク的に並んでいるだけで、意味のある認識にはならない。そこに意味のある認識が成立するためには、直観に与えられた多様な内容が概観され、一つにとりまとめられていなければならない。そのことをカントは「綜合」(Synthesis)という言葉で言い表す。この綜合という働きをするのが構想力である。つまり、構想力というのは、直観の多様をとりまとめ、それを一つのまとまった「形像」(Bild)として現しめる能力であると言うことができる。

しかしこの形像がそのまま認識を成立させるわけではない。そこでは図式(Schema)が大きな役割を果たすとカントは考えた。そもそもカントがわれわれの認識を可能にする能力として感性と悟性だけではなく、構想力を考えたのは、この二つの能力が種類をまったく異にする(ungleichartig)能力としてそのままでは結びつかないと考えられたからである。このまったく異なった能力が結びつきうるためには、一方で悟性のカテゴリー(悟性概念)と同種性をもつとともに、しかし他方で、感性的直観とも同種性をもつ第三のもの——それは当然一面では知性的(intellektuell)であり、他面感性的(sinnlich)でもある——が存在しなければならない。それこそがカントの言う「図式」(Schema)である(KdrV, A138, B177)。具体的な例を挙げれば、いくら黒板や紙の上に書かれた三角形を眺めても、これは三角形であるという判断は成立しない。三角形の図式という「構想力の総合の規則」(KdrV, A141, B180)を介してわれわれははじめてそれを三角形として認識することができるのである。このように図式を通して感性と悟性との媒介を可能にするものとしてカントは構想力を、われわれの認識に必須な能力、不可欠の根本能力と考えたのである。

以上で見たようにカントはわれわれの認識において構想力が果たす役割の重要性を強調するのであるが、しかしそこには一つの大きな問題がある。三木も『構想力の論理』の第四章でその点に注目しているが、『純粋理性批判』の第一版と第二版で、構想力の位置づけが大きく変わっているのである。

第一版ではカントは次のように述べている。「あらゆる経験の可能性の条件を含み、かつ、それ自身は心の他のいかなる能力からも導き出されえない三つの根源的な源泉(心の素質ないし能力)がある。すなわち感官、構想力、そして統覚(Apperzepiton)である」(KdrV, A94)。感官と統覚という言い方がされているが、これまでの言い方で言えば、感性と悟性である。それに構想力を加えた三つの能力があって、はじめてわれわれの経験が可能になるとここではカントは考えている。また、この三つは、それぞれ他の能力から、あるいはその他の能力から派生的に生じてくるものではなく、独立したものであり、その意味で根源的な能力であると考えられている。

しかしこの経験の「三つの根源的な源泉」について論じた箇所は第二版では削除された。代わって構想力による直観の綜合は悟性の範疇(カテゴリー)に従ってなされること、したがってこの綜合は「感性に対する悟性の働きであり、われわれに可能な直観の対象に対する悟性の最初の適用(同時に他のあらゆる適用の基礎)である」(KdrV, B 152)と言われている。第二版では統覚の統一の働きに重点が置かれ、構想力の綜合の働きは言わばそのなかに吸収されるような形になったのである。

この第一版と第二版における構想力の位置づけの変化にとくに注目したのがハイデガーであった。カントは『純粋理性批判』の「緒論」のなかで「人間の認識には二つの幹がある。すなわち感性と悟性である。それらは一つの共通の、しかしわれわれには知られていない根から発している」(KdrV, A15, B29)と述べている。この「共通の根」が何であるかをカントは明確に語っていないのであるが、ハイデガーは『カントと形而上学の問題』(一九二九年)のなかで、この「共通の根」を構想力と解し、次のように述べている。「カントの形而上学の基礎づけは超越論的構想力に行きつく。この超越論的構想力は、感性と悟性という二つの幹の根である。そのような根として、超越論的構想力は存在論的綜合の根源的統一を可能にする」[*7]。『純粋理性批判』の第二版においてカントはこのような構想力の位置づけから離れてしまっている。そこでは「超越論的構想力が固有の根本能力としては抹殺されている」とハイデガーは主張する。「もしその機能が単なる自発性としての悟性に委譲されるならば、純粋な感性と純粋な思惟とを、有限な人間理性における両者の統一に関して理解する可能性、いや、ただ単にそれを問題にする可能性さえも失われてしまう」とも主張している。そこから「第一版は原則的に第二版に優先されるに値する」[*8]という結論をハイデガーは導きだしたのである。

三木清は『構想力の論理』の第四章「経験」においてこのハイデガーのカント解釈を取りあげて論評を加えている。三木のハイデガーの解釈に対する評価は二面的である。三木も、『純粋理性批判』の第二版においては、「構想力の地位は著しく低められており、ほとんど抹殺されようとさえしている」(Ⅱ・一三五)と指摘している。そのような理解に立って、ハイデガーが構想力をあくまで「人間の心の一根本能力」として捉えようとしたこと、言いかえれば、「構想力の綜合の第一次的な姿を捉えようとした」ことを、ハイデガーの功績として評価している。しかしそのあと次のように付け加えている。「しかるに他方第二次的に構想力の綜合にはその反省された、知性化された姿がある。……構想力の知性化は先験的統覚によって行われる。そのとき構想力はどこまでも先験的統覚の制約のもとに立っている」(Ⅱ・一三七)。三木は、統覚の綜合的統一こそはあらゆる悟性使用が、また論理学全体もがそこに結びつけられねばならない「最高点」であるというカントの言葉を引き、構想力の綜合の機能が悟性の働きに帰せされたことはカントにとって自然なことであったとしている。

このように三木は、カントが『純粋理性批判』の第二版において悟性の側に立って構想力の働きを見直したことを自然なこととして認めるのであるが、しかしその構想力の理解に全面的に賛成したわけではない。一方では、現象の総体としての自然が経験の客体として認められるのは統覚という「根源的能力」(Radikalvermögen)によるというカントの理解を認めるとともに、しかし他方、次のように付け加えている。「かかるラディカリズムは悟性の立場において極めて自然のことである。しかしながら経験というものは法則的な自然科学の対象としての経験に限られないであろう。この限定された意味における経験の理論としては純粋理性批判の第二版は第一版よりもラディカルであるにしても、経験というものを更に広く、あるいは一層日常的な意味に、あるいは一層原本的な意味に解するならば、後に示すごとく構想力に対して一層根本的な意味が認められねばならないであろう」(Ⅱ・一三九)。

経験を、自然科学が対象とする自然についての経験に限定せず、広く日常的な意味で——本来の意味で——理解すれば、構想力は決して「抹殺」されてはならず、むしろその根本的な意味が見てとられなければならないというのが三木の理解であったと言うことができる。

先にも触れたように、三木は人間を単に知覚し、認識するだけの存在としてではなく、身体を有し、身体を媒介として行為する存在として理解する。人間は「身をもって考える」存在(Ⅰ・一二五)であるとも言われている。このような観点から三木は、構想力を単にわれわれの認識を支える一能力としてではなく、身体をもち、行為を通して現実に関わるときに発揮される能力として理解するのである。身体的存在であるが故にわれわれが抱くパトス的なものを外へと表出しようとするときに、そしてそれにロゴス的表現を与えようとするときに発揮される能力として理解する。そのような能力として構想力は積極的にその位置づけがなされなければならないというのが三木の考えであったと言うことができる。それをめざすものとして三木は「構想力の論理」

を構想したのである。

七　三木清と西田幾多郎

先に述べたように、『構想力の論理 第二』の「序」で三木は、第一章「神話」を執筆していた段階ではなお「一種の非合理主義ないし主観主義」に転落する可能性があったが、しかし「「制度」について考察を始めた頃から、私の考える構想力の論理が実は「形の論理」であるということが漸次明らかになってきた」(I・一二)と記している。また「構想力の論理」を「形の論理」と考えるようになって、「現在到達した点において西田哲学へ、私の理解する限りにおいては、接近してきたのを見る。私の研究において西田哲学が絶えず無意識的にあるいは意識的に私を導いてきたのである。もっとも、私のいう構想力の論理と西田哲学の論理との関係については、別に考えらるべき問題があるであろう」(I・一二)とも述べている。

「接近してきた」というのは、それまで距離があったということを意味する。第一節で三木が『善の研究』が自分の「生涯の出発点」になったと述べているのを紹介したが、実際、京都大学在学中も、それ以後も、三木は西田の哲学から大きな影響を受けつづけた。しかし三木は西田の哲学の枠のなかで思索するのではなく、むしろつねにその枠を超えでようとした。一方では西田の哲学に強く引きつけられていたが、同時に、それを乗り越えていこうとする力が三木の思索のなかでつねに働いていた。三木のなかにはこの二つのベクトルが共存していたと言ってもよいであろう。

三木はどこに西田の思想の不十分性を見ていたのであろうか。「「ことば」について――「座談会」の感想」と題されたエッセーもそれを知る手がかりになるであろう。これは一九三二年六月に「哲学と宗教と文化の結び付に就て」という題で鎌倉の西田邸で行われた座談会[*9]の感想を記したものであるが、そのなかで三木は次のように述べている。「博士は自己と他者との関係を「呼びかける」というふうに規定されたが、……絶対他者が呼びかけるには、「ことば」(ロゴス)が必要なのではなかろうか。……西田哲学のいわゆる「絶対無」の弁証法では、かくのごとき「ことば」は如何に説明されるのであろうか。この「ことば」の問題をもって、われわれは真に現実的な「歴史」の問題のなかへ初めて踏みこむことになる。このような「ことば」は、……やがて文化の問題となる。しかるに文化の問題となると、ヘーゲル的な、媒介を重んじ、連続を含む弁証法も何等かの仕方で認められねばならぬように見えるが、どうであろう」(一九・五五〇)。ここからことば、歴史、文化、この三つの点で西田の思索が十分ではないと三木が考えていたことが見てとれる。簡単に図式化して言えば、西田が論理を重視したのに対し、三木の方は、それを具体化する「ことば」、そしてそれが実現される場としての「歴史」、その歴史のなかで蓄積される「文化」の方を重視したと言うことができる。論理を現実の場で問題にしようとしたと言ってもよい。

一九三六年に雑誌『思想』が「西田哲学特集」号を出したおり、三木は「西田哲学の性格について」という論文を発表したが、そこでは次のように言われている。「西田哲学は現在が現在を限定する永遠の今の自己限定の立場から考えられており、そのために実践的な時間性の立場、従って過程的弁証法の意味が弱められていはしないかと思う。行為の立場に立つ西田哲学がなお観想的であると批評されるのも、それに基くのではなかろうか」(一〇・四三三―四三四)。西田もまたこの時期には行為や実践の問題をくり返し論じていた。だが、それらはやはり観想の立場で論じられており、歴史の論理にはなりえていないというのが三木の西田に対する批判であったと言えるであろう。

そのような批判を三木はもちつづけていたが、しかし『構想力の論理』のなかで「形の論理」を考えるようになって、西田哲学にふたたび接近してきたという印象を抱いたのであろう。西田幾多郎は早い時期にも「形」という表現を用いているが、さかんにそれについて語るようになるのは、『哲学論文集 第一』(一九三五年)や『哲学論文集 第二』(一九三七年)に収められた論考においてである。『構想力の論理』の執筆が開始される少し前である。これらの論文のなかで西田は「世界の自己限定」ということを問題にした。たとえば一九三五年に発表した「行為的直観の立場」という論文のなかで西田はそのことと関わって次のように述べている。「世界が自己自身を肯定するということは、物が見られることであり、形が現れることである。現在に於てあるものは、かかる世界の自己限定として、いつも形作られたものであり、限定せられたものであると共に限定するものである」(『西田幾多郎全集』第七巻一六〇頁)。ここでは「世界の自己限定」によって「形」づくられたものは、「限定せられたものであると共に限定するものである」と言われている。これはやがて、「作られたものから作るものへ」というように術語化され、後期西田の重要な用語になっていく。

三木は一九三五年から一九三六年頃に何度か西田と対談を行っているが、そのうちの一つである「人生及び人生哲学」と題された対談(一九三六年一〇月)でも西田は形や形成、技術、メタモルフォーゼ等々の問題について論じている。三木が『構想力の論理』の第一章「神話」を雑誌『思想』に発表したのは、この対談の翌年であるし、西田が『哲学論文集 第二』所収の諸論文を書いていた時期と重なる。それらのなかで西田が行った「形」の問題への言及を意識して三木は西田哲学に「接近してきた」と表現したのであろう。

しかし先の引用文中の「私のいう構想力の論理と西田哲学の論理の関係については、別に考えらるべき問題があるであろう」という言葉が示すように、この接近は、三木の思索が西田のそれと一つになったということを意味するのではない。三木の「構想力の論理」には、むしろ、ロゴスに重点を置き、パトス的なものを十分に考慮せず、行為の意味を十分に理解することができなかった西田の哲学を乗り越えようとする意図が込められていたと言うことができる。

『構想力の論理 第一』の「序」において三木は、西田の「形」の理解の不十分性を次のように指摘している。「東洋においては形は主体的に捉えられ、かくして象徴的なものと見られた。形あるものは形なきものの影であり、「形なき形」の思想においてその主体的な見方は徹底した」(Ⅰ・一七)。つまり西田が捉えた「形」は、形なきもの(無)を指し示す象徴として、どこまでも主観的に理解されている点を三木は批判したのである。そのような立場から次のようにも主張している。「東洋的論理が行為的直観の立場に立つといっても、要するに心境的なものに止まり、その技術は心の技術であり、現実に物に働き掛けて物の形を変じて新しい形を作るという実践に踏み出すことなく、結局観想に終わり易い傾向を有することに注意しなければならぬ」(Ⅰ・一八)。西田の言う行為はあくまで心境的なものであり、その技術は現実に存在するものを変革する力をもたないというのである。三木の「構想力の論理」には、西田の「心の技術」に対して「物の技術」を対置しようという意図があったと言うことができるであろう。

三木と西田との関わりを考える上できわめて重要な意味をもっていると考えられる三木の書簡を最後に引用することにしたい。一九四五年一月二〇日付の、疎開先の埼玉県から出された友人・坂田徳男宛の書簡である。「今年はできるだけ仕事をしたいと思います。まず西田哲学を根本的に理解し直し、これを超えてゆく基礎を作らねばならぬと考え、取掛っております。西田哲学は東洋的現実主義の完成ともいうべきものでしょうが、この東洋的現実主義には大きな長所と共に何か重大な欠点があるのではないでしょうか。東洋的現実主義の正体を捉えようと思って、仏教の本なども読んでみています。ともかく西田哲学と根本的に対質するのでなければ将来の日本の新しい哲学は生れてくることができないように思われます。これは困難な課題であるだけ重要な課題です」(一九・四五三)。

「東洋的現実主義」というのは、『構想力の論理 第一』で言われていた「東洋的論理」、つまり、形や行為をただ心境のレヴェルでのみ問題にする立場を指すと考えられるが、そこには長所と欠点とがあるとされている点が注意を引く。西田哲学もこの両面を含むと三木は考えていたのである。西田との根本的な「対質」の必要性はそこから言われたと言ってよいであろう。この「対質」を通して「新しい哲学」を作りだしていくことを、三木は将来のもっとも大きな課題と考えていたことがここから読みとれる。

しかし三木は坂田徳男に宛ててこのように書き送った二カ月後、一九四五年三月に、治安維持法違反の容疑者をかくまい、逃亡させたという嫌疑でふたたび検挙され、六月に拘留処分となって巣鴨の東京拘置所に送られた。その後、中野の豊多摩刑務所に移され、敗戦後の九月二六日に獄中で亡くなった。「将来の日本の新しい哲学」を生みだすという夢は実現することなく、夢のままに終わったのである。日本の哲学界にとって大きな損失であったと言わざるをえない。

注

＊1　三木の著作に関しては『三木清全集』全二〇巻(岩波書店、一九六六―一九八六年)から引用した。引用文のあとに巻数と頁数とを記した。『構想力の論理』については、本書(岩波文庫版)から引用し、引用文のあとに「第一」「第二」をそれぞれⅠ、Ⅱと表記し、それに続けて頁数を記した。なお、同全集ならびに後出の『西田幾多郎全集』からの引用では、旧字体は新字体に改め、旧仮名づかいは現代仮名づかいとした。

＊2　マルクスの『経済学批判』(*Zur Kritik der politischen Ökonomie*)などをテクストとしたので「経済学批判会」と呼ばれた。

＊3　三木がレトリックの重要性を強調した背景には、当時、民族主義や国家主義が声高に叫ばれ、学問や言論の自由が抑圧されていたという時代状況があった。三木のなかで、無用な攻撃を避けるためには直球だけでなく、曲球も投げなければならないという配慮が働いていたと考えられる。日高六郎の表現で言えば、「抵抗しながら時勢を配慮しているのか、時勢を配慮しながら抵抗しているのか」、そのきわどいはざまに三木がいたということも

考慮しなければならないであろう（日高六郎「『構想力の論理』を読んだころ」、『三木清全集』第八巻月報）。

＊4　Georges Sorel, *Réflexions sur la violence*, 6. ed., Paris, 1925, p. 45. ただしこの言葉は、三木も記しているように、ニューマン（John Henry Newman）の『同意の文法』（*An essay in aid of a grammar of assent*）から採られたものである。

＊5　B. K. Malinowski, *Myth in primitive psychology*, London, 1926, pp. 14–15, 23.

＊6　『純粋理性批判』からの引用については、KdrV という略称のあとに第一版（A）と第二版（B）の頁数を記した。

＊7　Martin Heidegger, *Kant und das Problem der Metaphysik*. *Gesamtausgabe*. Abt. 1. Bd. 3. Frankfurt am Main 1991. S. 202.

＊8　Martin Heidegger, *Gesamtausgabe*. Abt. 1. Bd. 3. S. 197.

＊9　西田の第四高等学校時代の教え子で、当時読売新聞にいた逢坂元吉郎が企画した座談会で、三木のほか、熊野義孝、石原純らが参加していた。『西田幾多郎全集』（竹田篤司ほか編、岩波書店、二〇〇二―二〇〇九年）第二四巻三一頁以下参照。

マ　行

ヤ　行

ラ　行

ナ　行

ハ　行

サ　行

タ　行

人名索引

①, ②は巻数を示す

ア　行

カ　行

構想力《こうそうりょく》の論理《ろんり》 第二 〔全2冊〕

2023年7月14日 第1刷発行

著 者 三《み》木《き》清《きよし》

発行者 坂本政謙

発行所 株式会社 岩波書店
〒101-8002 東京都千代田区一ツ橋2-5-5

案内 03-5210-4000 営業部 03-5210-4111
文庫編集部 03-5210-4051
https://www.iwanami.co.jp/

印刷・理想社 カバー・精興社 製本・中永製本

ISBN 978-4-00-331493-7 Printed in Japan

読書子に寄す

――岩波文庫発刊に際して――

岩波茂雄

真理は万人によって求められることを自ら欲し、芸術は万人によって愛されることを自ら望む。かつては民を愚昧ならしめるために学芸が最も狭き堂宇に閉鎖されたことがあった。今や知識と美とを特権階級の独占より奪い返すことはつねに進取的なる民衆の切実なる要求である。岩波文庫はこの要求に応じそれに励まされて生まれた。それは生命ある不朽の書を少数者の書斎と研究室とより解放して街頭にくまなく立たしめ民衆に伍せしめるであろう。近時大量生産予約出版の流行を見る。その広告宣伝の狂態はしばらくおくも、後代にのこすと誇称する全集がその編集に万全の用意をなしたるか。千古の典籍の翻訳企図に敬虔の態度を欠かざりしか。さらに分売を許さず読者を繋縛して数十冊を強うるがごとき、はたしてその揚言する学芸解放のゆえんなりや。吾人は天下の名士の声に和してこれを推挙するに躊躇するものである。このときにあたって、岩波書店は自己の責務のいよいよ重大なるを思い、従来の方針の徹底を期するため、すでに十数年以前より志して来た計画を慎重審議この際断然実行することにした。吾人は範をかのレクラム文庫にとり、古今東西にわたって文芸・哲学・社会科学・自然科学等種類のいかんを問わず、いやしくも万人の必読すべき真に古典的価値ある書をきわめて簡易なる形式において逐次刊行し、あらゆる人間に須要なる生活向上の資料、生活批判の原理を提供せんと欲する。この文庫は予約出版の方法を排したるがゆえに、読者は自己の欲する時に自己の欲する書物を各個に自由に選択することができる。携帯に便にして価格の低きを最主とするがゆえに、外観を顧みざるも内容に至っては厳選最も力を尽くし、従来の岩波出版物の特色をますます発揮せしめようとする。この計画たるや世間の一時の投機的なるものと異なり、永遠の事業として吾人は微力を傾倒し、あらゆる犠牲を忍んで今後永久に継続発展せしめ、もって文庫の使命を遺憾なく果たさしめることを期する。芸術を愛し知識を求むる士の自ら進んでこの挙に参加し、希望と忠言とを寄せられることは吾人の熱望するところである。その性質上経済的には最も困難多きこの事業にあえて当たらんとする吾人の志を諒として、その達成のため世の読書子とのうるわしき共同を期待する。

昭和二年七月

《日本思想》〔青〕

風姿花伝（花伝書）　世阿弥／野上豊一郎・西尾実 校訂
五輪書　宮本武蔵／渡辺一郎 校注
養生訓・和俗童子訓　貝原益軒／石川謙 校訂
貝原益軒 大和俗訓　石川謙 校訂
日本水土考・水土解弁・増補華夷通商考　西川如見／飯島忠夫・西川忠幸 校訂
蘭学事始　杉田玄白／緒方富雄 校註
島津斉彬言行録　牧野伸顕 序
塵劫記　吉田光由／大矢真一 校注
兵法家伝書 付 新陰流兵法目録事　柳生宗矩／渡辺一郎 校注
長崎版 どちりな きりしたん　海老沢有道 校註
農業全書　宮崎安貞 編録／貝原楽軒 刪補／土屋喬雄 校訂
仙境異聞・勝五郎再生記聞　平田篤胤／子安宣邦 校注
茶湯一会集・閑夜茶話　井伊直弼／戸田勝久 校注
西郷南洲遺訓 附 手抄言志録及遺文　山田済斎 編
文明論之概略　福沢諭吉／松沢弘陽 校注
新訂 福翁自伝　富田正文 校訂

学問のすゝめ　福沢諭吉
福沢諭吉教育論集　山住正己 編
福沢諭吉家族論集　中村敏子 編
福沢諭吉の手紙　慶應義塾 編
新島襄の手紙　同志社 編
新島襄 教育宗教論集　同志社 編
新島襄自伝 —手記・紀行文・日記　同志社 編
植木枝盛選集　家永三郎 編
日本の下層社会　横山源之助
中江兆民 三酔人経綸問答　桑原武夫・島田虔次 訳・校注
中江兆民評論集　松永昌三 編
憲法義解　伊藤博文／宮沢俊義 校註
日本風景論　志賀重昂／近藤信行 校訂
日本開化小史　田口卯吉／嘉治隆一 校訂
新訂 蹇蹇録 —日清戦争外交秘録　陸奥宗光／中塚明 校注
茶の本　岡倉覚三／村岡博 訳
武士道　新渡戸稲造／矢内原忠雄 訳

新渡戸稲造論集　鈴木範久 編
キリスト信徒のなぐさめ　内村鑑三
余はいかにしてキリスト信徒となりしか　内村鑑三／鈴木範久 訳
代表的日本人　内村鑑三／鈴木範久 訳
後世への最大遺物・デンマルク国の話　内村鑑三
ヨブ記講演　内村鑑三
足利尊氏　山路愛山
徳川家康 全二冊　山路愛山
豊臣秀吉 全二冊　山路愛山
妾の半生涯　福田英子
三十三年の夢　宮崎滔天／島田虔次・近藤秀樹 校注
善の研究　西田幾多郎
続思索と体験・『続思索と体験』以後　西田幾多郎
西田幾多郎哲学論集 II —論理と生命 他四篇　上田閑照 編
西田幾多郎哲学論集 III —自覚について 他四篇　上田閑照 編
西田幾多郎歌集　上田薫 編
西田幾多郎講演集　田中裕 編

西田幾多郎書簡集	藤田正勝編
帝国主義	幸徳秋水 山泉進校注
基督抹殺論	幸徳秋水
日本の労働運動	片山潜
貧乏物語	河上肇 大内兵衛解題
河上肇評論集	杉原四郎編
西欧紀行 祖国を顧みて	河上肇
中国文明論集	宮崎市定 礪波護編
史記を語る	宮崎市定
中国史 全二冊	宮崎市定
大杉栄評論集	飛鳥井雅道編
女工哀史	細井和喜蔵
奴隷 —小説・女工哀史1	細井和喜蔵
工場 —小説・女工哀史2	細井和喜蔵
初版 日本資本主義発達史 全二冊	野呂栄太郎
谷中村滅亡史	荒畑寒村
遠野物語・山の人生	柳田国男
木綿以前の事	柳田国男
海上の道	柳田国男
蝸牛考	柳田国男
都市と農村	柳田国男
十二支考 全二冊	南方熊楠
津田左右吉歴史論集	今井修編
特命全権大使 米欧回覧実記 全五冊	久米邦武編 田中彰校注
日本イデオロギー論	戸坂潤
明治維新史研究	羽仁五郎
古寺巡礼	和辻哲郎
風土 —人間学的考察	和辻哲郎
和辻哲郎随筆集	坂部恵編
倫理学 全四冊	和辻哲郎
人間の学としての倫理学	和辻哲郎
日本倫理思想史 全四冊	和辻哲郎
「いき」の構造 他二篇	九鬼周造
九鬼周造随筆集	菅野昭正編
偶然性の問題	九鬼周造
田沼時代	辻善之助
パスカルにおける人間の研究	三木清
古代国語の音韻に就いて 他二篇	橋本進吉
吉田松陰	徳富蘇峰
林達夫評論集	中川久定編
新版 きけわだつみのこえ —日本戦没学生の手記	日本戦没学生記念会編
新版 第二集 きけわだつみのこえ —日本戦没学生の手記	日本戦没学生記念会編
君たちはどう生きるか	吉野源三郎
地震・憲兵・火事・巡査	山崎今朝弥 森長英三郎編
懐旧九十年	石黒忠悳
武家の女性	山川菊栄
覚書 幕末の水戸藩	山川菊栄
忘れられた日本人	宮本常一
家郷の訓	宮本常一
大阪と堺	三浦周行 朝尾直弘編
石橋湛山評論集	松尾尊兊編

手仕事の日本　柳宗悦
工藝文化　柳宗悦
南無阿弥陀仏 付 心偈　柳宗悦
雨夜譚 —渋沢栄一自伝　長幸男校注
中世の文学伝統　風巻景次郎
平塚らいてう評論集　小林登美枝・米田佐代子編
最暗黒の東京　松原岩五郎
日本の民家　今和次郎
原爆の子 —広島の少年少女のうったえ 全二冊　長田新編
臨済・荘子　前田利鎌
『青鞜』女性解放論集　堀場清子編
大津事件 —ロシア皇太子大津遭難　尾佐竹猛 三谷太一郎校注
幕末遣外使節物語 —夷狄の国へ　尾佐竹猛 吉良芳恵校注
極光のかげに —シベリア俘虜記　高杉一郎
古典学入門　池田亀鑑
イスラーム文化 —その根柢にあるもの　井筒俊彦
意識と本質 —精神的東洋を索めて　井筒俊彦

神秘哲学 —ギリシアの部　井筒俊彦
意味の深みへ —東洋哲学の水位　井筒俊彦
コスモスとアンチコスモス 東洋哲学のために　井筒俊彦
幕末政治家　福地桜痴 佐々木潤之介校注
フランス・ルネサンスの人々　渡辺一夫
維新旧幕比較論　木下真弘 宮地正人校注
被差別部落一千年史　高橋貞樹 沖浦和光校注
花田清輝評論集　粉川哲夫編
新版 河童駒引考 —比較民族学的研究　石田英一郎
英国の文学　吉田健一
中井正一評論集　長田弘編
山びこ学校　無着成恭編
考史遊記　桑原隲蔵
福沢諭吉の哲学 他六篇　丸山眞男 松沢弘陽編
政治の世界 他十篇　丸山眞男 松本礼二編注
超国家主義の論理と心理 他八篇　丸山眞男 古矢旬編
田中正造文集 全二冊　由井正臣 小松裕編

国語学史　時枝誠記
定本 育児の百科 全三冊　松田道雄
哲学の三つの伝統 他十二篇　野田又夫
大隈重信演説談話集　早稲田大学編
大隈重信自叙伝　早稲田大学編
人生の帰趣　山崎弁栄
通論考古学　濱田耕作
転回期の政治　宮沢俊義
何が私をこうさせたか —獄中手記　金子文子
明治維新　遠山茂樹
禅海一瀾講話　釈宗演
明治政治史　岡義武
転換期の大正　岡義武
山県有朋 —明治日本の象徴　岡義武
近代日本の政治家　岡義武
ニーチェの顔 他十三篇　氷上英廣 三島憲一編
伊藤野枝集　森まゆみ編

前方後円墳の時代　近藤義郎

日本の中世国家　佐藤進一

《哲学・教育・宗教》〔青〕

- ソクラテスの弁明・クリトン　プラトン　久保勉訳
- ゴルギアス　プラトン　加来彰俊訳
- 饗宴　プラトン　久保勉訳
- テアイテトス　プラトン　田中美知太郎訳
- パイドロス　プラトン　藤沢令夫訳
- メノン　プラトン　藤沢令夫訳
- 国家　全二冊　プラトン　藤沢令夫訳
- プロタゴラス　—ソフィストたち　プラトン　藤沢令夫訳
- パイドン　—魂の不死について　プラトン　岩田靖夫訳
- アナバシス　—敵中横断六〇〇〇キロ　クセノポン　松平千秋訳
- アリストテレス　ニコマコス倫理学　全二冊　高田三郎訳
- アリストテレス　形而上学　全二冊　出隆訳
- アリストテレス　弁論術　戸塚七郎訳
- アリストテレース詩学　ホラーティウス詩論　松本仁助・岡道男訳
- 物の本質について　ルクレーティウス　樋口勝彦訳
- エピクロス　—教説と手紙　出隆・岩崎允胤訳

- 生の短さについて　他二篇　セネカ　大西英文訳
- 怒りについて　他二篇　セネカ　兼利琢也訳
- エピクテトス　人生談義　全二冊　國方栄二訳
- 人さまざま　テオプラストス　森進一訳
- マルクス・アウレーリウス　自省録　神谷美恵子訳
- 老年について　キケロー　中務哲郎訳
- 弁論家について　全二冊　キケロー　大西英文訳
- キケロー書簡集　高橋宏幸編
- 平和の訴え　エラスムス　箕輪三郎訳
- 方法序説　デカルト　谷川多佳子訳
- 哲学原理　デカルト　桂寿一訳
- 情念論　デカルト　谷川多佳子訳
- パンセ　全三冊　パスカル　塩川徹也訳
- スピノザ　神学・政治論　全二冊　畠中尚志訳
- 知性改善論　スピノザ　畠中尚志訳
- スピノザ　エチカ　(倫理学)　全二冊　畠中尚志訳
- スピノザ　国家論　畠中尚志訳

- スピノザ往復書簡集　畠中尚志訳
- デカルトの哲学原理　—附 形而上学的思想　スピノザ　畠中尚志訳
- スピノザ　神・人間及び人間の幸福に関する短論文　畠中尚志訳
- モナドロジー　他二篇　ライプニッツ　谷川多佳子・岡部英男訳
- 市民の国について　全二冊　ヒューム　小松茂夫訳
- 自然宗教をめぐる対話　ヒューム　犬塚元訳
- エミール　全三冊　ルソー　今野一雄訳
- 人間不平等起原論　ルソー　本田喜代治・平岡昇訳
- ルソー　社会契約論　桑原武夫・前川貞次郎訳
- 言語起源論　—旋律と音楽的模倣について　ルソー　増田真訳
- ディドロ　絵画について　佐々木健一訳
- 道徳形而上学原論　カント　篠田英雄訳
- 啓蒙とは何か　他四篇　カント　篠田英雄訳
- 純粋理性批判　全三冊　カント　篠田英雄訳
- カント　実践理性批判　波多野精一・宮本和吉・篠田英雄訳
- 判断力批判　全二冊　カント　篠田英雄訳
- 永遠平和のために　カント　宇都宮芳明訳

プロレゴメナ　カント　篠田英雄訳
学者の使命・学者の本質　フィヒテ　宮崎洋三訳
独白　シュライエルマッハー　木場深定訳
ヘーゲル政治論文集　全二冊　金子武蔵訳
哲学史序論　—哲学と哲学史　ヘーゲル　武市健人訳
歴史哲学講義　全二冊　ヘーゲル　長谷川宏訳
法の哲学　—自然法と国家学の要綱　ヘーゲル　上妻精・佐藤康邦・山田忠彰訳
学問論　シェリング　西川富雄・藤田正勝監訳
自殺について　他四篇　ショウペンハウエル　斎藤信治訳
読書について　他二篇　ショウペンハウエル　斎藤忍随訳
知性について　他四篇　ショーペンハウエル　細谷貞雄訳
不安の概念　キェルケゴール　斎藤信治訳
死に至る病　キェルケゴール　斎藤信治訳
体験と創作　全二冊　ディルタイ　柴田治三郎・小牧健夫訳
眠られぬ夜のために　全二冊　ヒルティ　草間平作・大和邦太郎訳
幸福論　全三冊　ヒルティ　草間平作・大和邦太郎訳
悲劇の誕生　ニーチェ　秋山英夫訳

ツァラトゥストラはこう言った　全二冊　ニーチェ　氷上英廣訳
道徳の系譜　ニーチェ　木場深定訳
善悪の彼岸　ニーチェ　木場深定訳
この人を見よ　ニーチェ　手塚富雄訳
プラグマティズム　W・ジェイムズ　桝田啓三郎訳
宗教的経験の諸相　全二冊　W・ジェイムズ　桝田啓三郎訳
日常生活の精神病理　フロイト　高田珠樹訳
純粋現象学及現象学的哲学考案　全二冊　フッセル　池上鎌三訳
デカルト的省察　フッサール　浜渦辰二訳
愛の断想・日々の断想　ジンメル　清水幾太郎訳
ジンメル宗教論集　深澤英隆編訳
笑い　ベルクソン　林達夫訳
道徳と宗教の二源泉　ベルクソン　平山高次訳
時間と自由　ベルクソン　中村文郎訳
ラッセル教育論　安藤貞雄訳
ラッセル幸福論　安藤貞雄訳
存在と時間　全四冊　ハイデガー　熊野純彦訳

学校と社会　デューイ　宮原誠一訳
民主主義と教育　全二冊　デューイ　松野安男訳
我と汝・対話　マルティン・ブーバー　植田重雄訳
アラン幸福論　神谷幹夫訳
アラン定義集　神谷幹夫訳
天才の心理学　E・クレッチュマー　内村祐之訳
英語発達小史　H・ブラッドリ　寺澤芳雄訳
日本の弓術　オイゲン・ヘリゲル述　柴田治三郎訳
ことばのロマンス　—英語の語源　ウィークリー　寺澤芳雄・出淵博訳
ヴィーコ学問の方法　上村忠男・佐々木力訳
国家と神話　全二冊　カッシーラー　熊野純彦訳
天才・悪　ブレンターノ　篠田英雄訳
人間の頭脳活動の本質　他一篇　ディーツゲン　小松摂郎訳
プラトン入門　R・S・ブラック　内山勝利訳
反啓蒙思想　他二篇　バーリン　松本礼二編
マキアヴェッリの独創性　他三篇　バーリン　川出良枝編
ロシア・インテリゲンツィヤの誕生　他五篇　バーリン　桑野隆編